SOCIÉTÉ CENTRALE D'AGRICULTURE

de la Seine-Inférieure

LE CONCOURS BEURRIER

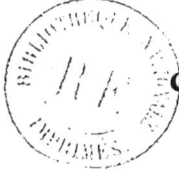

de ROUEN

---

30 Mai — 2 Juin 1907

ROUEN

IMPRIMERIE J. GIRIEUD

—

1907

30 Mai - 2 Juin 1907

Le Concours Beurrier

DE ROUEN

SOCIÉTÉ CENTRALE D'AGRICULTURE

de la Seine-Inférieure

LE CONCOURS BEURRIER

de ROUEN

30 Mai — 2 Juin 1907

ROUEN

IMPRIMERIE J. GIRIEUD

—

1907

Société Centrale d'Agriculture
de la Seine-Inférieure

Fondée en 1761

Reconnue d'utilité publique en 1876

Composition du Bureau pour 1907

SOMMAIRE

Préface

Le grand succès obtenu l'année dernière par le Concours beurrier de Forges-les-Eaux, les félicitations et les encouragements reçus de toutes parts semblaient faire un devoir à la Société Centrale d'Agriculture de la Seine-Inférieure, de pénétrer plus avant dans la voie nouvelle qu'elle avait tracée.

Ce fut l'avis unanime des membres de notre Société qui acceptèrent avec enthousiasme la pensée de faire coïncider le Concours national d'Agriculture à Rouen avec un grand concours beurrier organisé par nous.

L'idée étant née, la décision étant prise, il n'y avait plus qu'à réaliser le projet.

Et c'était bien là que commençaient les difficultés.

N'avais-je pas, l'année précédente, en des paroles enthousiastes mais peut-être imprudentes, évoqué le spectacle des Concours beurriers de l'avenir, avec de puissants moteurs, actionnant les appareils les plus perfectionnés ; les troupeaux de vaches de races variées venant démontrer de façon irréfutable leurs aptitudes laitières et beurrières ?

Au point de vue : enseignement, n'avions-nous pas déjà prouvé par l'exemple que des conférences, des causeries et des démonstrations devaient être faites pendant toute la durée du concours, lien étroit et nécessaire entre la théorie et la pratique ?

C'est tout cela qu'il fallait réaliser ; c'est tout cela que la Société centrale d'Agriculture de la Seine-Inférieure vient de faire de la manière la plus large, la plus scientifique, la plus pratique ; et c'est le récit de ce Concours beurrier qu'elle publie aujourd'hui.

Ce récit, nous l'avons fait aussi complet et aussi vivant que possible, les diverses opérations sont minutieusement décrites, les conférences des Maîtres de la Science qui ont bien voulu nous prêter leur éminent concours sont intégralement reproduites ; enfin nous nous attachons à montrer quels sont les enseignements à tirer des faits si variés, si intéressants, dont nous avons été les témoins pendant quatre jours.

Mais s'il est possible d'indiquer certains résultats techniques et immédiats, de tirer des conclusions qui s'imposent, il est impossible de prévoir toutes les heureuses conséquences de ce concours, de dire jusqu'où s'étendra sa bienfaisante influence.

N'allons-nous pas voir naître chez nous l'une de ces écoles ambulantes de laiterie, modelée sur celle du département du Nord dont les charmantes élèves nous ont apporté un si précieux concours ?

Ecole qui retient la jeune fille à la campagne en lui donnant le goût et l'orgueil de sa belle et noble profession, et qui fait d'elle la compagne éclairée, la véritable associée adroite et savante, auxiliaire indispensable du chef de l'exploitation.

Les méthodes de manipulation du lait, de fabrication du beurre, encore si primitives et si peu hygiéniques en tant d'endroits, vont forcément s'améliorer, progresser, pour le plus grand bien du producteur et du consommateur.

Enfin, c'est un mode nouveau d'appréciation qui s'impose pour les bêtes de races laitières, non seulement dans les concours, mais aussi et je puis dire : surtout dans la sélection, à la ferme, des reproducteurs mâles et femelles.

Mais je m'arrête, laissant au lecteur le soin de tirer lui-même les conclusions que lui inspirera la lecture de cet ouvrage.

Nous attendons, d'ailleurs, son verdict avec confiance, conscients d'avoir voulu et d'avoir fait une œuvre utile.

Le Président de la Société,
GEORGES LORMIER.

Rouen, 1er Juillet 1907.

LE CONCOURS BEURRIER

DE ROUEN

Programme

ARTICLE PREMIER.

Un Concours Beurrier, ayant pour objet de rechercher et de récompenser les vaches laitières qui produisent la plus grande quantité de matière grasse par jour, sera organisé par la Société Centrale d'Agriculture de la Seine-Inférieure les 30 et 31 mai, 1er et 2 juin 1907, à Rouen, à l'occasion et comme annexe du Concours national agricole qui aura lieu dans cette ville du 25 mai au 2 juin.

ARTICLE 2.

Pourront seuls y prendre part les agriculteurs qui possèdent des vaches laitières appartenant aux races admises au Concours national (normande, flamande, hollandaise, durham, mancelle et jersiaise).

Le nombre des animaux admis sera limité à cent. En conséquence, les déclarations (1) — qui devront être adressées au Président de la Société Centrale d'Agriculture de la Seine-Inférieure, à l'Hôtel des Sociétés Savantes, 40 bis, rue Saint-Lô, à Rouen — seront enregistrées strictement dans leur ordre de réception, et les inscriptions closes aussitôt que le maximum fixé pour chaque section sera atteint.

Il sera perçu un droit d'entrée de dix francs par bête inscrite; ce droit sera réduit à cinq francs pour les animaux appartenant à des membres de la Société Centrale d'Agriculture.

Les propriétaires qui, pour raison de force majeure, ne pourront présenter les vaches qu'ils auront fait inscrire, devront en donner avis au Président de la Société le plus tôt possible, et en tout cas avant le 25 mai, afin de permettre de nouvelles admissions. A défaut de cette formalité, ils auront à

---

(1) Des formules pour les déclarations seront adressées à toute personne qui en fera la demande au Président de la Société Centrale d'Agriculture.

payer, en plus du droit d'entrée qui restera acquis, une amende de vingt francs par animal.

Les bêtes inscrites au Concours beurrier pourront participer également au Concours national, mais à condition d'y être régulièrement admises.

ARTICLE 3.

Les animaux seront répartis comme suit, en quatre catégories, de 25 têtes chacune (1).

1re CATÉGORIE. — *Race Normande* : Animaux présentés par des agriculteurs de la Seine-Inférieure.

2e CATÉGORIE. — *Race Normande* : Animaux présentés par des agriculteurs des départements autres que la Seine-Inférieure.

3e CATÉGORIE. — *Race Flamande et race Hollandaise.*

4e CATÉGORIE. — *Race Jersiaise, race Durham et race Mancelle.*

Chaque catégorie sera subdivisée en deux sections : la première (10 animaux) comprendra les vaches n'ayant pas encore toutes leurs dents de remplacement; la seconde (15 animaux), les vaches ayant toutes leurs dents de remplacement.

Les animaux des trois premières catégories devront avoir un poids vif d'au moins 400 kilos. Aucune limite de poids n'est imposée aux animaux de la 4e catégorie, mais chacune des sections de cette catégorie pourra être divisée, s'il y a lieu, en deux sous-sections, la première groupant les bêtes pesant moins de 400 kilos, la seconde celles d'un poids supérieur; dans ce cas, le montant des prix affectés à la catégorie sera réparti, de la façon la plus équitable possible, entre les quatre sous-sections.

Toutes les constatations concernant la race, la dentition et le poids seront faites par une Commission spéciale de réception, dès l'arrivée des animaux. Les exposants devront produire un certificat, délivré par un vétérinaire et dûment légalisé, constatant que les animaux présentés sont sains, à moins qu'il n'aient déjà satisfait aux conditions de réception du Concours national.

ARTICLE 4.

Aucun exposant ne pourra présenter, dans chaque section, plus d'une vache par race.

---

(1) Les inscriptions et surtout les désistements survenus dans la dernière huitaine n'ont pas permis de maintenir l'égalité entre les catégories, au point de vue du nombre des animaux. C'est ainsi que le nombre des vaches de la 4e catégorie a été ramené à 20, et celui des vaches de la 3e catégorie élevé à 30; de même, il y a eu quelques interversions entre les 2 sections de chaque catégorie. Par suite, la répartition des prix prévue par l'art. 6 a dû subir des modifications : les sections et les catégories qui ont reçu plus de vaches que ne prévoyait le programme, ont bénéficié d'une augmentation de 75 francs par tête supplémentaire, alors que les autres ont perdu 75 francs par tête manquante.

ARTICLE 5.

L'attribution des récompenses aura lieu d'après le poids du beurre obtenu avec le lait de chaque vache. Toutefois, en cas d'accident au cours des opérations de fabrication du beurre, il sera tenu compte du dosage du lait en matière grasse, effectué à l'aide de l'appareil Gerber, immédiatement après chaque traite.

ARTICLE 6.

Dans chacune des quatre catégories, les prix seront répartis de la manière suivante :

1re SECTION. — *Vaches n'ayant pas toutes leurs dents de remplacement.*

1 prix de.	300 fr.	
1 —	200	
1 —	125	775 francs
1 —	100	
1 —	50	
5 prix.		

2e SECTION. — *Vaches ayant toutes leurs dents de remplacement.*

1 prix de.	300 fr.	
1 —	250	
1 —	200	
1 —	150	1.175 francs
1 —	100	
1 —	75	
2 —	50	
8 prix.		

En plus des récompenses précédentes décernées dans les conditions stipulées à l'article 5, deux prix spéciaux seront affectés, sans distinction de section :

1° Un prix de 75 francs : à la vache ayant donné la plus grande quantité de lait ;

2° Un prix de 75 francs : à la vache ayant donné le lait le plus riche en matière grasse.

Soit au total :

Par catégorie : 15 prix et 2,100 francs.

Pour les 4 catégories : 60 prix et 8,400 francs.

Des virements seront faits, s'il est utile, d'une section à l'autre, et des mentions honorables pourront être accordées.

En outre, 4 prix spéciaux seront attribués sans distinction de catégorie ni ni de section :

1º Un prix de 75 francs : à la vache ayant donné la plus grande quantité de lait ;

2º Un prix de 75 francs : à la vache ayant donné le plus de lait par 100 kilos de poids vif ;

3º Un prix de 75 francs : à la vache ayant donné la plus grande quantité de beurre ;

4º Un prix de 75 francs : à la vache ayant donné le plus de beurre par 100 kilos de poids vif.

ARTICLE 7.

Indépendamment des primes en argent ci-dessus mentionnées, les lauréats recevront des médailles et des diplômes, ainsi que des plaques de prix. Les médailles seront d'or pour les premiers prix, d'argent pour les seconds prix et les prix spéciaux, et de bronze pour les autres prix.

ARTICLE 8.

Une somme de 300 francs en espèces sera répartie de la façon suivante : 100 francs entre les lauréats d'un concours spécial de traite, et 200 francs entre les personnes ayant trait les vaches désignées pour les principales récompenses.

ARTICLE 9.

Les différentes opérations du Concours seront réglées ainsi qu'il suit :

Le jeudi 30 mai : à partir de huit heures du matin, réception et examen des animaux ; le soir, traite préliminaire.

Le vendredi 31 mai. ⟩ Chaque jour, trois traites ; après chacune d'elles,
Le samedi 1er juin. ⟩ pesée du lait, dosage de la matière grasse au Gerber et écrémage à l'aide de centrifuges.

Le dimanche 2 juin, de 7 heures à 10 heures : barattage de la crème et fabrication du beurre, classement des vaches.

Au courant de l'après-midi : présentation générale des animaux primés.

ARTICLE 10.

Un règlement intérieur fixera les heures des traites et fournira aux exposants les renseignements utiles sur toutes les opérations du Concours.

Les traites seront publiques et auront lieu dans une enceinte spéciale du Concours ; elles seront effectuées par les employés des exposants, qui devront apporter les récipients et accessoires divers nécessaires.

Le lait obtenu deviendra la propriété de la Société Centrale d'Agriculture ; les diverses manipulations dont il sera l'objet, tant à la laiterie qu'au laboratoire, se poursuivront sous les yeux des exposants et du public.

Chaque exposant prendra soin de ses animaux et les nourrira comme il l'entendra ; la Société Centrale d'Agriculture n'en sera responsable en aucun cas.

Article 11.

Des commissaires seront attachés au Concours pour surveiller rigoureusement les opérations et assurer leur bonne et prompte exécution.

Article 12.

Le montant des prix sera payé, au lieu même du Concours, au courant de l'après-midi du dimanche 2 juin; les lauréats recevront en même temps leurs diplômes et médailles.

Rouen, le 10 avril 1907.

Règlement intérieur

Réception des animaux.

Les animaux doivent être présentés à la Commission de réception du Concours national, au Cours-la-Reine, le mercredi 29 mai, de huit heures du matin à trois heures de l'après-midi.

Un Commissaire du Concours beurrier remettra aux exposants des numéros d'ordre, qui seront fixés solidement et de façon apparente à la tête des animaux. Les bêtes qui prendront part à la fois aux épreuves du Concours national et à celles du Concours beurrier, recevront en outre une étiquette en parchemin portant leur numéro d'ordre du Concours national.

Toutes les vaches du Concours beurrier — qu'elles prennent part ou non au Concours national — seront conduites aux baraquements spéciaux réservés à une extrémité du Concours national.

Les droits d'entrée devront être versés au Trésorier de la Société, au Secrétariat du Concours beurrier (grand hall du rond-point), dès l'arrivée au Concours, et, au plus tard, le jeudi avant quatre heures de l'après-midi.

Nourriture et soins aux animaux.

Suivant les dispositions du programme, les exposants ont toute latitude pour nourrir leurs animaux comme bon leur semble et ils doivent les faire soigner et garder par leurs employés.

A neuf heures du soir, tous les employés doivent quitter les baraquements du Concours beurrier dont la garde reste exclusivement confiée, pendant la nuit, au personnel désigné par la Société. A moins de cas de force majeure et de permission spéciale du Président, les employés ne seront admis à nouveau auprès de leurs animaux qu'à quatre heures et demie du matin.

Traites.

Les traites seront effectuées, dans un ring spécial, aux heures suivantes :
Le jeudi soir, 30 mai, à six heures ;

Et chacun des deux autres jours (les vendredi 31 mai et samedi 1ᵉʳ juin), à cinq heures du matin, à onze heures du matin, à six heures du soir.

Si, par suite de mauvais temps ou pour toute autre cause, il paraît indispensable de modifier légèrement ces heures des traites, les exposants seront avertis en temps utile des changements apportés (1).

Les vaches doivent être attachées à leurs places respectives quelques minutes avant l'heure fixée pour chaque traite, et tous les trayeurs prêts à commencer au signal donné par le Commissaire.

Les exposants qui présentent deux bêtes de même race font d'abord procéder à la traite de la vache de la première section, et c'est seulement après la pesée du lait de cette bête que peut commencer la traite de la vache de la seconde section.

Aussitôt que la traite d'une vache est terminée, le trayeur apporte le lait jusqu'à la bascule et le verse lui-même dans le broc marqué au numéro de la vache. Immédiatement après la pesée, le broc est plombé et transporté à la laiterie.

La traite doit être effectuée d'une façon aussi parfaite que possible et suivant toutes les règles de l'hygiène. Les exposants tiendront la main à ce que leurs employés aient une tenue irréprochable.

En vue de la répartition des primes en espèces prévues par l'art. 8 du programme, les exposants sont priés de conserver autant que possible les mêmes trayeurs pendant toute la durée du Concours. Les trayeurs qui n'exécuteraient pas la traite dans les conditions de propreté les plus rigoureuses, seront éliminés de la liste des serviteurs récompensés.

Laiterie.

Aussitôt après le déplombage des brocs et le prélèvement par les chimistes des échantillons nécessaires pour la prise de densité et le contrôle de la matière grasse au Gerber, les laits sont passés à l'écrémeuse.

La crème est reçue dans un broc également marqué au numéro de la vache qui a donné le lait, et ce broc est pesé avant d'être replacé dans la salle de maturation de la crème.

Entre l'écrémage de deux échantillons de lait, il est introduit 2 litres environ d'eau tiède dans la centrifuge afin de la nettoyer, ou du moins d'en faire sortir toute la crème qu'elle pourrait conserver.

Au cours des opérations d'écrémage, des échantillons de lait écrémé sont prélevés et essayés au Gerber en vue de contrôler la parfaite régularité du travail.

Le barattage des différents lots de crème doit commencer le dimanche matin à 7 heures ; toutefois, si la température le rendait nécessaire, cette opération serait avancée.

(1) Pour la facilité des opérations, les traites du soir du vendredi et du samedi ont été avancées d'une heure et effectuées à cinq heures.

Les pesées du beurre sont faites par les Commissaires ; mais avant de procéder au classement définitif, des échantillons de tous les lots de beurre devront être examinés au Gerber afin de s'assurer de leur égale teneur en eau et de pouvoir faire les corrections utiles s'il y a lieu.

Conformément à l'article 5 du programme, s'il survient un accident quelconque au cours des opérations de fabrication du beurre, il sera tenu compte, pour la traite ou le lot entier de crème à éliminer par suite de cet accident, des pesées du lait et des résultats du contrôle au Gerber.

La traite du jeudi soir ne comptera pas pour le classement, et la crème en provenant sera mise à part pour les démonstrations.

Présentation générale. — Départ des animaux.

A l'issue des opérations, le dimanche 2 juin, à trois heures de l'après-midi, les bêtes ayant pris part au Concours seront présentées au public, dans le ring de traite, dans l'ordre de classement et suivant les indications données par les Commissaires.

Les exposants pourront enlever leurs animaux dès que la permission en sera donnée au Concours national.

Rouen, le 22 mai 1907.

Catalogue

Race normande

1re Catégorie. — *Animaux présentés par les agriculteurs de la Seine-Inférieure.*

1re Section. — *Animaux n'ayant pas toutes leurs dents de remplacement.*

1. *Perrette*, bringé, 4 ans, vêlée le 10 avril, à M. Dubuc (Antoine), à Thil-Riberpré.
2. *Bijou*, caille, 3 ans, vêlée le 15 novembre, à M. Philippart (A.), à Haussez.
3. *Opulente*, bringé caille, 2 ans 11 mois, vêlée le 12 mai (H. B. N., n° 8893, vol. 21), à MM. Lavoinne (E. et A.), à Bosc-aux-Moines.
4. *La Houlle*, rouge blond, 3 ans, vêlée le 1er mai, à M. Monville (Gaston), à Hautot-le-Vatois.
5. *Mignonne*, jaune avec tache blanche, 2 ans 11 mois, vêlée le 29 janvier, à M. Neufville (Eugène), à Saint-Ouen-du-Breuil.
6. (1) *Blondine*, blond légèrement bringé, 3 ans 8 mois et 17 jours, vêlée le 6 avril, à M. Crescent (Germain), à Saint-Gilles-de-la-Neuville.
7. *Papillon*, blond, 4 ans, vêlée le 15 mars, à M. Ponchy (Théodore), à Bihorel-lès-Rouen.

(1) Vache déclassée par les Commissaires et replacée dans la 2e section de la 1re catégorie.

8. *Tranquille*, barré, 3 ans 6 mois, vêlée le 15 mars, à M. Bertaux (Théophile), à Brémontier-Merval.

9. *Vagabonde*, bringé roux, 3 ans, vêlée le 10 mai, à M. Lemétais (Henri), aux Essarts-Varimpré.

10. Vache déclarée, mais non présentée au Concours.

2ª Section. — *Animaux ayant toutes leurs dents de remplacement.*

11. *Belle en tout temps*, rouge et blanc, 6 ans, vêlée le 25 avril, à M. Dubuc (Antoine), à Thil-Riberpré.

12. *Rigolette*, blond bringé, 5 ans 6 mois, vêlée le 1er mars, à M. Dufour (Paul), à Londinières.

13. *Pâquerette*, bringé, 6 ans, vêlée le 30 mars, à M. Philippart (A.), à Haussez.

14. *Nature*, bringé rouge, 4 ans, vêlée le 23 mai (H. B. N., no 8328, vol. 20), à MM. Lavoinne (E. et A.), à Bosc-aux-Moines.

15. *Génie*, bringé clair, 8 ans, vêlée le 1er mai, à M. Lemétais (Henri), aux Essarts-Varimpré.

16. *Pérette*, bringé blond, 6 ans 4 mois, vêlée le 1er mars, à M. Ponchy (Théodore), à Bihorel-lès-Rouen.

17. *Tambour*, bringé, 6 ans, vêlée le 12 mai, à M. Eloy (Juste), à Martainville.

18. *Petite Eléphante*, bringé rouge, 5 ans, vêlée le 30 avril (H. B. N., no 7954, vol. 19), à M. Carrey-Prévost (Henry), à Etainhus.

19. *Goyette*, blond légèrement bringé, 7 ans, vêlée le 20 avril, à M. Monville (Gaston), à Hautot-le-Vatois.

20. *L'Eté*, bringé blond, 7 ans, vêlée le 13 mai, à M. Gavrel (Maurice), à Saumont-la-Poterie.

21. *Gentille*, rouge et blanc, 9 ans, vêlée le 20 mai, à M. Lefrançois (Eugène), à Saint-Pierre-des-Jonquières.

22. *Bringette*, bringé brun, 7 ans 8 mois, vêlée le 26 avril, à Mme Le Rond de Davaye, à Longueil.

23. *Cerise*, brun, 6 ans 9 mois, vêlée le 4 avril, à M. Bertaux (Théophile), à Brémontier-Merval.

24. *Cachemire*, bringé caille, 7 ans, vêlée le 2 avril, à M. Duparc (Lucien), au Houlme.

25. *Jumelle*, jaune taché de blanc, 6 ans, vêlée le 1er février, à M. Neufville (Eugène), à Saint-Ouen-du-Breuil.

2ª Catégorie. — *Animaux présentés par les agriculteurs des départements autres que la Seine-Inférieure.*

1re section. — *Animaux n'ayant pas toutes leurs dents de remplacement.*

26. *Mignonne*, rouge bringé, 3 ans 8 mois, vêlée le 25 mai, à M. Henry (Léon), à Caugé (Eure).

27. *Bonne-Cotentine*, blond bringé caille, 3 ans, vêlée en avril, à M. LEFAU-
CONNIER (Célestin), à Sainte-Marie-du-Mont (Manche).

28. Vache déclarée, mais non présentée au Concours.

29. Vache déclarée, mais non présentée au Concours.

30. *Engadine*, bringé rouge, 3 ans 1 mois, vêlée le 27 avril, à M. BOUCHON
(Albert), à Nassandres (Eure).

31. *Toute-Belle*, blond, bringé caille, 3 ans, vêlée en mai, à M. MARIE
(Edmond), à Brucheville (Manche).

32. *Javotte*, blanc et fauve bringé, 3 ans 8 mois, vêlée le 6 mai, à Mⁱᵉ DU
BOULLAY, à Saint-Germain-de-Livet (Calvados).

33. *Coquette*, bringé caille, 2 ans 1 mois, vêlée le 12 mai, à M. LEBARON
(Pierre), à Tocqueville (Manche).

34. *Brunette*, bringé caille blond, 2 ans 2 mois, vêlée le 2 mai, à M. LEFAU-
CONNIER (Jean), à Ecoqueneauville (Manche).

35. Vache déclarée, mais non présentée au Concours.

2ᵉ section. — *Animaux ayant toutes leurs dents de remplacement.*

36. *Manola*, bringé caille tacheté, 6 ans, vêlée le 25 avril (H. B. N., nᵒ 7617,
vol. 18), à M. NOEL (Casimir), à Rhéthoville (Manche).

37. *Magicienne*, bringé caille, 5 ans, vêlée en avril, à M. LEFAUCONNIER
(Célestin), à Sainte-Marie-du-Mont (Manche).

38. *Mignonnette*, barré, 8 ans, vêlée en janvier, à M. JULLIEN (Sosthène),
à Mesnil-Verclives (Eure). .

39. *Escampette*, caille blond bringé, 5 ans 6 mois, vêlée le 5 mai (H. B. N.,
nᵒ 1613, vol. 22), à M. NOEL (Bon), à Valognes (Manche).

40. *Précieuse*, bringé caille, 8 ans, vêlée le 25 avril (H. B. N., nᵒ 6717,
vol. 16), à M. NOEL (Octave), à Saint-Vaast-la-Hougue (Manche).

41. *Cigarette*, blond, 9 ans, vêlée le 19 avril, à M. BOUCHON (Albert), à
Nassandres (Eure).

42. *La Belle*, blond caille bringé, 5 ans, vêlée en avril, à M. MARIE (Edmond),
à Brucheville (Manche).

43. *Jaunette*, blonde, 6 ans 4 mois, vêlée le 20 mai, à M. PAGNERRE
(Aristide), à Longchamps (Eure).

44. *Jeanneton*, bringé caille, 5 ans, vêlée le 6 mai, à M. LEBARON (Pierre),
à Tocqueville (Manche).

45. *Princesse*, blond bringé caille, 4 ans 1 mois, vêlée le 15 mai, à
M. LEFAUCONNIER (Jean), à Ecoqueneauville (Manche).

46. *Barrée*, barré, 7 ans, vêlée le 10 janvier, à M. FRÉRET (Georges), à
Saint-Martin-Neuve-Grange (Eure).

47. *Bichette*, roux, barré de noir, 5 ans 3 mois, vêlée le 20 avril, à
M. QUILLET (Alexandre), à Doudeauville (Eure).

48. *Fleurette*, caille, 7 ans, vêlée en mars, à M. POTIQUET (Georges), à
Ecouis (Eure).

49. Vache déclarée, mais non présentée au Concours.

50. *Perrette*, blond et blanc bringé, 4 ans 2 mois, vêlée en mars, à Mme DU
    BOULLAY, à Saint Germain-de-Livet (Calvados).

3e CATÉGORIE. — *Race Flamande et race Hollandaise.*

1re Section. — *Animaux n'ayant pas toutes leurs dents de remplacement.*

Race Flamande

51. *Schotter*, brun rouge, 2 ans 7 mois 10 jours, vêlée le 21 mars, à M. BÈLE
    (Elie), à Wormhout (Nord).
52. *Belotte*, brun, 2 ans 7 mois, vêlée le 22 décembre (H. B. F.), à
    M. DEHAENE (Georges), à Wormhout (Nord).
53. *Antoinette*, rouge brun, 2 ans 7 mois, vêlée le 16 mai, à M. DELATTRE
    (Désiré), à Lompret (Nord).
54. *Carmen*, brun, 2 ans 11 mois, vêlée le 7 mars, à M. VANDAL (Hippolyte),
    à Rocourt-Saint-Laurent (Pas de-Calais).
55. (1) *Jeannette*, brun, 3 ans 2 mois, vêlée le 6 mars, à M. TRANNIN (Noël),
    à Léchelle (Pas-de-Calais).
56. *Mouton*, brun clair, 2 ans, vêlée le 25 avril, à M. WIRQUIN (Gustave), à
    Saint-Folquin (Pas-de-Calais).
57. *Victorine*, rouge, 2 ans 2 mois, vêlée le 1er mars, à M. AMMEUX-VAN-
    HERSECKE (René), à Vieille-Eglise (Pas-de-Calais).
58. *Ninon*, brun, 2 ans 11 mois, vêlée le 15 avril, à M. DEQUIDT (Henri).
59. *Caroline*, bai cerise, 2 ans 4 mois, vêlée le 15 mai, à M. DELERUE-DUPIRE
    (Henri), à Mons-en-Barœul (Nord).
60. *La Petite*, brun, 3 ans, vêlée le 28 avril, à M. DECROMBECQUE (Guislain),
    à Hersin-Coupigny (Pas-de-Calais).

Race Hollandaise

61. *Cocotte*, blanc et noir, 2 ans 6 mois, vêlée le 1er avril, à M. GAMEZ (Jean-
    Baptiste), à Morenchies (Nord).
62. *Blanchette*, noir et-blanc, 2 ans 7 mois, vêlée le 10 avril, à M. BOISSEAU,
    (Lucien), à Lagny-le-Sec (Oise).

2e Section. — *Animaux ayant toutes leurs dents de remplacement.*

Race Flamande

63. *Brune*, brun rouge, 6 ans 6 mois, vêlée le 3 avril, à M. BÈLE (Elie), à
    Wormhout (Nord).
64. *Caroline*, rouge, 5 ans 5 mois, vêlée le 25 mai, à M. DELATTRE (Désiré),
    à Lompret (Nord).
65. *Sans-Peur*, brun clair, 5 ans 8 mois, vêlée le 14 février, à M. VANDAL
    (Hippolyte), à Rocourt-Saint-Laurent (Pas-de-Calais).

---

(1) Vache déclassée par les Commissaires et replacée dans la 2e section de la 3e catégorie.

66. *Charmante*, brun foncé, 8 ans, vêlée le 22 mars, à M. TRANNIN (Noël), à Léchelle (Pas-de-Calais).
67. *Coquette*, brun acajou, 6 ans, vêlée le 8 mai, à M. WIRQUIN (Gustave), à Saint-Folquin (Pas-de-Calais).
68. *Marguerite*, rouge foncé, 6 ans 8 mois, vêlée le 8 mai, à M. MICHEL (Edouard), à Bucquoy (Pas-de-Calais).
69. *Grande-Brune*, 6 ans 2 mois, rouge brun, vêlée le 22 mai, à M. GHESTEM, à Verlinghen (Nord).
70. *La Brune*, brun, 7 ans 1 mois, vêlée le 13 mars, à M. THEILLIER (François), à Pontru (Aisne).
71. *Brune*, brun, 7 ans 2 mois, vêlée le 4 mai, à M. DUFLOU, à Herzelle, canton de Wormhoudt (Nord).
72. *Sophie*, rouge bai, 5 ans 9 mois, vêlée le 19 mai, à M. DELERUE-DUPIRE (Henri), à Mons-en-Barœul (Nord).
73. *Sarah*, brun, 6 ans, vêlée le 1er mai, à M. VAESKEN (Henri), à Arneke (Nord).
74. *Luna*, rouge brun, 6 ans, vêlée le 2 mai, à M. VERDIER (Léon), à Lompret (Nord).
75. *La Belle*, acajou, 5 ans, vêlée le 25 mai, à M. DECROMBECQUE (Guislain), à Hersin-Coupigny (Pas-de-Calais).

Race Hollandaise

76. *Sophie*, blanc et noir, 5 ans 8 mois, vêlée le 17 mars, à M. DELATTRE (Désiré), à Lompret (Nord).
77. *Petite*, noir et blanc, 6 ans 6 mois, vêlée le 20 mars, à M. GHESTEM, à Verlinghem (Nord).
78. *Marie*, noir et blanc, 5 ans 1 mois, vêlée le 3 mai, à M. BOISSEAU (Lucien), à Lagny-le-Sec (Oise).
79. *Malcornée*, noir et blanc, 5 ans 8 mois, vêlée le 5 mai, à M. GUEULLE (Edmond), à Précy-sur-Oise (Oise).
80. *Belle*, blanc et noir, 4 ans 6 mois, vêlée le 19 mai, à M. DELERUE-DUPIRE (Henri), à Mons-en-Barœul (Nord).

4e CATÉGORIE. — A. *Animaux de plus de 400 kilos.*

1re section. — *Animaux n'ayant pas toutes leurs dents de remplacement.*

Race Durham

81. *Rosière*, 2 ans 3 mois, vêlée le 9 avril (H. B. D., vol. 35), à M. VOISIN (Louis), à la Chapelle-d'Aligné (Sarthe).

2e Section. — *Animaux ayant toutes leurs dents de remplacement.*

82. *Tulipe*, rouan léger, 6 ans 4 mois, vêlée le 15 avril (H. B. D., vol. 31, n° 28337), à M. BUREL (André), à Fongueusemare (Seine-Inférieure).

83. *Tosca*, rouge, 6 ans 1 mois et 4 jours, vêlée le 1ᵉʳ mai (H. B. D., vol. 29, nᵒ 26913), à Mᵐᵉ DE CLERCQ, à Oignies (Pas-de-Calais).

Race Mancelle

84. *Fleurelle*, blond rouge, 6 ans. vêlée le 23 avril, à M. LEROUX (Simon), à Neuvy-en-Champagne (Sarthe).

4ᵉ CATÉGORIE. — B. *Animaux de moins de 400 kilos.*

1ʳᵉ Section. — *Animaux n'ayant pas toutes leurs dents de remplacement.*

Race Jersiaise

85. *Kila*, fauve clair, 3 ans 2 mois, vêlée le 15 avril, à M. AYRAUD (Jules), à Saint-Martin-de-Villeneuve (Charente-Inférieure).
86. (1) X..., fauve, 2 ans 8 mois, vêlée le 1ᵉʳ mars, à M. GAMEZ (Jean-Baptiste), à Morenchies (Nord).
87. *Etincelle de Gannes*, fauve brun, 2 ans 4 mois, vêlée le 19 avril (H. B. J., nᵒ 130), à M. WALLET (Lucien), à Gannes (Oise).
88. *Finelle*, jaune fauve, 3 ans 3 mois, vêlée le 10 mars, à M. GAMEZ (Henri), à Saint-Michel-des-Andaines (Orne).
89. *Brunelle II*, fauve foncé, 1 an 11 mois 15 jours, vêlée le 10 mars, à Mᵐᵉ DEVÉMY (Marguerite), à Bondues (Nord).

Race Bretonne

90. *Jolie*, noir et blanc, 4 ans, vêlée le 30 avril, à M. FOULONGNE (Charles), à la Haye-de-Calleville (Eure).
91. *Lisette*, noir et blanc, 5 ans 6 mois, vêlée le 12 mai, à M. DESCHAMPS (Isidore), à Harcourt (Eure).

2ᵉ section. — *Animaux ayant toutes leurs dents de remplacement.*

Race Jersiaise

92. *Féodale*, fauve, 7 ans 7 mois, vêlée le 5 avril (H. B. J., nᵒ 109), à M. AYRAUD (Jules), à Saint-Martin-de-Villeneuve (Charente-Inférieure).
93. X..., fauve, 4 ans, vêlée le 15 mars, à M. GAMEZ (Jean-Baptiste), à Morenchies (Nord).
94. *Fertile*, fauve brun clair, 4 ans 10 mois, vêlée le 19 avril, à M. CHEVALIER (Edgar), à Ribeauville-Marques (Seine-Inférieure).
95. *Aurore de Gannes*, fauve rouge, 6 ans 1 mois, vêlée le 18 avril (H. B. J., nᵒ 46), à M. WALLET (Lucien), à Gannes (Oise).
96. *Favorite*, fauve, 3 ans 10 mois, vêlée le 10 février (H. B. J., nᵒ 67), à Mᵐᵉ DEVÉMY (Marguerite), à Bondues (Nord).

---

(1) Vache déclassée par les Commissaires et replacée dans la 2ᵉ section de la 4ᵉ catégorie.

97. *Roselte*, fauve, 5 ans 2 mois, vêlée le 15 avril, à M. COULON (Louis), à la
  Milesse (Sarthe).
98. *Vollige*, fauve, 4 ans, vêlé en mars (H. B. J., n° 77), à M. LEBOURGEOIS
  (Armand), à Champcervon (Manche).

Race Bretonne

99. *Coquelle*, noir et blanc, 5 ans, vêlée le 10 avril, à M. FOULONGNE
  (Charles), à la Haye-de-Calleville (Eure).
100. *Tranquille*, noir et blanc, 6 ans 6 mois, vêlée le 19 mai, à M. DESCHAMPS
  (Isidore), à Harcourt (Eure).

Commissariat

Commissaire général .... M. G. LORMIER, Président de la Société.
Commissaire général adjoint. M. F. LAURENT, Vice-Président.

Commissaires :

Ring de traite et pesées du lait :

1re Catégorie. — M. J. GRILLE, Secrétaire de la Société.
2e — M. Ch. BAUQUESNE, Propriétaire-Agriculteur.
3e — M. G. LUCAS, Propriétaire-Agriculteur.
4e — M. J. THUREAU-DANGIN, Conseiller général de
    la Seine-Inférieure.

Animaux :

M. E. DUBUC, Professeur spécial d'agriculture à Neufchâtel ;
M. P. NION, Propriétaire-Agriculteur.

Laiterie :

M. JULHIARD, Directeur de la sucrerie de Fontaine-le-Dun ;
M. F. QUESNEL, Président du Conseil d'administration de la
  Laiterie coopérative d'Auffay.

Laboratoire :

M. René BERGE, Ingénieur des Mines, Conseiller général de la
  Seine-Inférieure ; M. A. HOUZEAU, Directeur de la Station
  Agronomique de la Seine-Inférieure.
a) Fermentations. — M. P. MAZÉ, Chef du Laboratoire de Chimie
  et de Microbiologie agricoles de l'Institut Pasteur ; M. RUOT,
  Préparateur à l'Institut Pasteur.
b) Analyses. — M. H. MAMELLE, Maître de conférences de Chimie
  analytique à l'École Nationale d'Agriculture de Grignon ;
  M. G. CANU, Chimiste-Expert au Laboratoire municipal de Paris ;
  MM. P. ROSSET et G. MARAIS, Chimistes à la Station Agronomique de la Seine-Inférieure.

Ecole ambulante de laiterie du département du Nord :

M. VALLEZ, Professeur spécial d'Agriculture à Valenciennes.
Mlles LE BON, Directrice ; Gabrielle LE BON, Maîtresse ; Edmée LOUBRY, Maîtresse.

Service des démonstrations :

Mlle VAN DEN BERGH , Professeur de l'Etat Belge, Directrice d'Ecole ménagère agricole ; M. G. FRÈRE, Ingénieur de la Maison Garin de Cambrai ; M. E. THANGHE, Ingénieur de la Maison Masure, de Tourcoing.

Sécrétariat :

MM. E. POUPARD, Professeur spécial d'Agriculture de l'Arrondissement de Rouen ; L. CARROUAILLE, Secrétaire de la Chaire Départementale d'Agriculture de la Seine-Inférieure.

Jury de dégustation des beurres

Président... M. E. FORTIER, Sénateur de la Seine-Inférieure.
Secrétaire.. M. COLLET, Secrétaire général de la Société française d'encouragement à l'Industrie Laitière, Mandataire aux Halles de Paris.
Membres ... MM. BARON, CANDIEU et LENOBLE, Négociants en beurre à Rouen.

Jury du Concours de traite

Président... M. René BERGE, Conseiller général de la Seine-Inférieure.
Secrétaire.. M. Jean THUREAU-DANGIN, Conseiller général de la Seine-Inférieure.
Membres ... MM. Ch. BEAUQUESNE, E. BULLOT, G. LUCAS et Paul NION.

Résultats

Production totale

Les six traites des vendredi et samedi, 31 mai et 1er juin (production de 47 heures — du jeudi 30 mai à 6 heures du soir au samedi 1er juin à 5 heures du soir), ont fourni 3.040 kilos 330 de lait (correspondant à 2.953 litres 32). Avec ce lait, il a été fabriqué 127 kilos 130 de beurre. Le kilo de beurre a donc été obtenu avec 23 kilos 915 de lait (correspondant à 23 litres 230).

Moyennes générales

La production en lait par 24 heures, en poids et en volume, la production en beurre par 24 heures, le poids du lait pour 1 kilo de beurre, la production en lait et en beurre pour 100 kilos de poids vif ont donné lieu à l'établissement de moyennes générales.

Le Tableau n° 1, qui figure aux annexes, à la fin de ce volume, donne la production moyenne par vache :

1° PAR RACE :

a) Pour les 50 vaches primées ;
b) Pour les 89 vaches ayant pris part aux épreuves jusqu'à la fin.

2° PAR CATÉGORIE (pour les 50 vaches primées).

Dans tous les cas, les moyennes ont été établies pour chaque section, puis pour les deux sections réunies.

Production par vache

Les différents renseignements concernant les productions des 89 vaches ayant participé aux épreuves, sont consignés dans les tableaux suivants qui se trouvent également aux annexes :

a) Quantités de lait et de beurre, production de lait et de beurre par 100 kilos de poids vif. Quantités de lait pour un kilo de beurre . . . . (Tableau n° 2).
b) Relevé général des quantités de lait (en poids) . . . . (Tableau n° 3).
c) Relevé général des quantités de lait (en volume). . . (Tableau n° 4).
d) Relevé général des essais du lait au Gerber (quantité de matière grasse par litre de lait) . . . . (Tableau n° 5).
e) Relevé général des productions de matière grasse d'après le Gerber . . . . (Tableau n° 6).

Palmarès

Race Normande

1re CATÉGORIE. — *Animaux présentés par des agriculteurs de la Seine-Inférieure.*

1re Section. — *Vaches n'ayant pas toutes leurs dents de remplacement.*

1er PRIX : 300 francs et une médaille d'or offerte par le Préfet de la Seine-Inférieure au nom du Département :

M. BERTAUX, à Brémontier-Merval, pour sa vache *Tranquille.*
(N° 8 du Catalogue).   Production de beurre : 1 kil. 412.

2e PRIX : 200 francs et une médaille d'argent :

MM. E. et A. LAVOINNE, à Bosc-aux-Moines, pour leur vache *Opulente*. (Nᵒ 3). Production de beurre : 1 kil. 295.

3e PRIX : 75 francs et une médaille de bronze :

M. PONCHY, à Bihorel, pour sa vache *Papillon*. (Nᵒ 7). Production de beurre : 1 kil. 177.

4e PRIX : 50 francs et une médaille de bronze :

M. PHILIPPART, à Haussez, pour sa vache *Bijou*. (Nᵒ 2). Production de beurre : 1 kil. 170.

2e Section. — *Vaches ayant toutes leurs dents de remplacement.*

1er PRIX : 300 francs et une médaille d'or offerte par le Préfet de la Seine-Inférieure au nom du Département :

M. DUBUC (Antoine), à Thil-Riberpré, pour sa vache *Belle-en-tout-temps*. (Nᵒ 11). Production de beurre : 2 kil. 830.

2e PRIX : 250 francs et une médaille d'argent :

M. CARREY-PREVOST, à Etainhus, pour sa vache *Petite Eléphante*. (Nᵒ 18). Production de beurre : 2 kil. 545.

3e PRIX : 200 francs et une médaille de bronze :

M. PHILIPPART, à Haussez, pour sa vache *Pâquerette*. (Nᵒ 13). Production de beurre : 2 kil. 265.

4e PRIX : 150 francs et une médaille de bronze :

MM. E. et A. LAVOINNE, à Bosc-aux-Moines, pour leur vache *Nature*. (Nᵒ 14). Production de beurre : 2 kil. 170.

5e PRIX : 100 francs et une médaille de bronze :

M. PONCHY, à Bihorel, pour sa vache *Pérette*. (Nᵒ 16). Production de beurre : 2 kilos.

6e PRIX : 75 francs et une médaille de bronze :

M. BERTAUX, à Brémontier-Merval, pour sa vache *Cerise*. (Nᵒ 23). Production de beurre : 1 kil. 850.

7e PRIX : 75 francs et une médaille de bronze :

M. MONVILLE, à Hautot-le-Vatois, pour sa vache *Goyelle*. (Nᵒ 19). Production de beurre : 1 kil. 790.

8e PRIX : 50 francs et une médaille de bronze :

M. DUPARC, au Houlme, pour sa vache *Cachemire*. (Nᵒ 24). Production de beurre : 1 kil. 785.

9e PRIX : 50 francs et une médaille de bronze :

M. LEMETAIS, aux Essarts-Varimpré, pour sa vache *Génie*. (N° 15).
Production de beurre : 1 kil. 700.

Prix spéciaux

PRIX de 75 francs et une médaille d'argent à la vache ayant donné la plus grande quantité de lait :

M. PHILIPPART, à Haussez, pour sa vache *Pâquerette*. (N° 13).
Production de lait : 57 kil. 550.

PRIX de 75 francs et une médaille d'argent à la vache ayant donné le lait le plus riche en matière grasse :

M. DUBUC (Antoine), à Thil-Riberpré, pour sa vache *Belle-en-tout-temps*. (N° 11). Le kilo de beurre avec 15 kil. 704 de lait.

Race Normande

2e CATÉGORIE.— *Animaux présentés par des agriculteurs des départements autres que la Seine-Inférieure.*

1re Section.— *Vaches n'ayant pas toutes leurs dents de remplacement.*

1er PRIX : 300 francs et une médaille d'or offerte par la Ville de Rouen :

Mme DU BOULLAY, à Saint-Germain-de-Livet (Calvados), pour sa vache *Javotte*. (N° 32 du Catalogue). Production de beurre : 1 kil. 775.

2e PRIX : 125 francs et une médaille d'argent :

M. LEBARON, à Tocqueville (Manche), pour sa vache *Coquette*. (N° 33).
Production de beurre : 1 kil. 535.

3e PRIX : 50 francs et une médaille de bronze :

M. HENRY (Léon), à Caugé (Calvados), pour sa vache *Mignonne*. (N° 26).
Production de beurre : 1 kil. 310.

2e Section. — *Vaches ayant toutes leurs dents de remplacement.*

1er PRIX : 300 francs et une médaille d'or offerte par la Société des Agriculteurs de France :

M. POTIQUET, à Ecouis (Eure), pour sa vache *Fleurette*. (N° 48).
Production de beurre : 2 kil. 460.

2e PRIX : 250 francs et une médaille d'argent :

M. PAGNERRE, à Longchamps (Eure), pour sa vache *Jaunette*. (N° 43).
Production de beurre : 2 kil. 447.

3

3e PRIX : 200 francs et une médaille de bronze :

M. QUILLET, à Doudeauville (Eure), pour sa vache *Bichette*. (N° 47).
Production de beurre : 2 kil. 330.

4e PRIX : 100 francs et une médaille de bronze :

M. BOUCHON, à Nassandres (Eure), pour sa vache *Cigarette*. (N° 41.)
Production de beurre : 2 kil. 220.

5e PRIX : 75 francs et une médaille de bronze :

M. NOEL (Bon), à Valognes (Manche), pour sa vache *Escampette*. (N° 39).
Production de beurre : 1 kil. 925.

6e PRIX : 50 francs et une médaille de bronze :

M. NOEL (Casimir), à Réthoville (Manche), pour sa vache *Manola*.
(N° 36). Production de beurre : 1 kil. 735.

7e PRIX : 50 francs et une médaille de bronze :

M. JULLIEN, à Mesnil-Verclives (Eure), pour sa vache *Mignonnette*.
N° 38. Production de beurre : 1 kil. 600.

Prix spéciaux

PRIX de 75 francs et une médaille d'argent à la vache ayant donné la plus grande quantité de lait :

M. PAGNERRE, à Longchamps (Eure), pour sa vache *Jaunette*. (N° 43).
Production totale de lait : 58 kil. 500.

PRIX de 75 francs et une médaille d'argent à la vache ayant donné le lait le plus riche en matière grasse :

M. LEFAUCONNIER (Jean), à Ecoquencauville (Manche), pour sa vache *Princesse*. (N° 45). Le kilo de beurre avec 15 kil. 559 de lait.

Race flamande et race hollandaise

3e CATÉGORIE. — 1re Section. — *Vaches n'ayant pas toutes leurs dents de remplacement.*

1er PRIX : 300 francs et une médaille d'or offerte par M. le Sénateur Fortier, Président honoraire du Syndicat agricole de la Seine-Inférieure :

M. BOISSEAU (Lucien), à Lagny-le-Sec (Oise), pour sa vache *Blanchette*, de race hollandaise. (N° 62). Production de beurre : 1 kil. 810.

2e PRIX : 200 francs et une médaille d'argent :

M. DECROMBECQUE (Guislain), à Hersin-Coupigny (Pas-de-Calais), pour sa vache *La Petite-Brune*, de race flamande. (N° 60).
Production de beurre : 1 kil. 637.

3e PRIX : 125 francs et une médaille de bronze :

M. DELATTRE (Désiré), à Lompret (Nord), pour sa vache *Antoinette*, de race flamande. (N° 53). Production de beurre : 1 kil. 595.

4e PRIX : 100 francs et une médaille de bronze :

M. DEQUIDT (Henri), à Saint-Sylvestre-Cappel (Nord), pour sa vache *Ninon*, de race flamande. (N° 58). Production de beurre : 1 kil. 560.

5e PRIX : 75 francs et une médaille de bronze :

M. WIRQUIN (Gustave), à Saint-Folquin (Pas-de-Calais), pour sa vache *Mouton*, de race flamande. (N° 56). Production de beurre : 1 kil. 540.

6e PRIX : 50 francs et une médaille de bronze :

M. DELERUE-DUPIRE (Henri), à Mons-en-Barœul (Nord), pour sa vache *Caroline*, de race flamande. (N° 59).

Production de beurre : 1 kil. 445.

2e Section. — *Vaches ayant toutes leurs dents de remplacement.*

1er PRIX : 300 francs et une médaille d'or offerte par M. Baillard, Président du Syndicat agricole de la Seine-Inférieure :

M. BOISSEAU (Lucien), à Lagny-le-Sec (Oise), pour sa vache *Marie*, de race hollandaise. (N° 78). Production de beurre : 2 k. 465.

2e PRIX : 250 francs et une médaille d'argent :

M. DUFLOU, à Herzelle (Nord), pour sa vache *Brune*, de race flamande. (N° 71). Production de beurre : 2 kil. 347.

3e PRIX : 200 francs et une médaille de bronze :

M. VAESKEN (Henri), à Arneke (Nord), pour sa vache *Sarah*, de race flamande. (N° 73). Production de beurre : 2 kil. 325.

4e PRIX : 150 francs et une médaille de bronze :

M. WIRQUIN (Gustave), à Saint-Folquin (Pas-de-Calais), pour sa vache *Coquette*, de race flamande. (N° 67). Production de beurre : 2 kil. 060.

5e PRIX : 100 francs et une médaille de bronze :

M. DELERUE-DUPIRE (Henri), à Mons-en-Barœul (Nord), pour sa vache *Sophie*, de race flamande. (N° 72).

Production de beurre : 1 kil. 913.

6e PRIX : 75 francs et une médaille de bronze :

M. TRANNIN (Noël), à Léchelle (Pas-de-Calais), pour sa vache *Charmante*, de race flamande. (N° 66). Production de beurre : 1 kil. 790.

7e PRIX : 75 francs et une médaille de bronze :

M. DECROMBECQUE (Guislain), à Hersin-Coupigny (Pas-de-Calais), pour sa vache *La Belle*, de race flamande. (N° 75).

Production de beurre : 1 kil. 645.

8ᵉ PRIX : 50 francs et une médaille de bronze :

M. GHESTEM (Alix), à Verlinghem (Nord), pour sa vache *Grande-Brune*, de race flamande. (Nᵒ 69). Production totale de beurre : 1 kil. 520.

9ᵉ PRIX : 50 francs et une médaille de bronze :

M. DELATTRE (Désiré), à Lompret (Nord), pour sa vache *Sophie*, de race hollandaise. (Nᵒ 76). Production de beurre : 1 kil. 517.

Prix spéciaux

PRIX de 75 francs et une médaille d'argent à la vache ayant donné la plus grande quantité de lait :

M. GHESTEM (Alix), à Verlinghem (Nord), pour sa vache *Grande-Brune*, de race flamande. (Nᵒ 69).

Production totale de lait : 55 kil. 990.

PRIX de 75 francs et une médaille d'argent à la vache ayant donné le lait le plus riche en matière grasse :

M. BOISSEAU (Lucien), à Lagny-le-Sec (Oise), pour sa vache *Marie*, de race hollandaise. (Nᵒ 78). Le kil. de beurre avec 16 kil. 673 de lait.

4ᵉ CATÉGORIE. — *Races diverses (Durham, Mancelle, Jersiaise et Bretonne).*

1ʳᵉ Section.— *Vaches n'ayant pas toutes leurs dents de remplacement.*

1ʳᵉ Sous-Section. — *Animaux de plus de 400 kilos.*

PRIX : 75 francs et une médaille de bronze :

M. VOISIN (Louis), à La Chapelle-d'Aligné (Sarthe), pour sa vache *Rosière*, de race durham. (Nᵒ 81). Production de beurre : 0 kil. 845.

2ᵉ Sous-Section. — *Animaux de moins de 400 kilos.*

1ᵉʳ PRIX : 300 francs et une médaille d'or offerte par le Syndicat général des Eleveurs de France :

M. GAMEZ (Henri), à Saint-Michel-des-Andaines (Orne), pour sa vache *Finette*, de race jersiaise. (Nᵒ 88). Production de beurre : 1 kil. 285.

2ᵉ PRIX : 125 francs et une médaille d'argent :

M. AYRAUD (Jules), à Saint-Martin-de-Villeneuve (Charente-Inférieure), pour sa vache *Kila*, de race jersiaise. (Nᵒ 85).

Production de beurre : 1 kil. 168.

3ᵉ PRIX : 75 francs et une médaille de bronze :

M. FOULONGNE (Charles), à La Haye-de-Calleville (Eure), pour sa vache *Jolie*, de race bretonne. (Nᵒ 90). Production de beurre : 0 kil. 885.

2ᵉ Section. — 1ʳᵉ Sous-Section. — *Animaux de plus de 400 kilos.*

PRIX de 150 francs et une médaille de bronze :

Mᵐᵉ DE CLERCQ, à Oignies (Pas-de-Calais), pour sa vache *Tosca*, de race durham. (Nᵒ 83). Production de beurre : 1 kil. 335.

PRIX de 75 francs et une médaille de bronze :

M. LEROUX (Simon), à Neuvy-en-Champagne (Sarthe), pour sa vache *Fleurelle*, de race mancelle. (Nᵒ 84).
Production de beurre : 0 kil. 990.

2ᵉ Sous-Section. — *Animaux de moins de 400 kilos.*

1ᵉʳ PRIX : 300 francs (dont 100 francs offerts par le Syndicat des Eleveurs de jersiaises du Continent) et une médaille d'or :

M. CHEVALIER (Edgar), à Marques (Seine-Inférieure), pour sa vache *Fertile*, de race jersiaise. (Nᵒ 94). Production de beurre : 1 kil. 762.

2ᵉ PRIX : 175 francs et une médaille d'argent :

M. AYRAUD (Jules), à Saint-Martin-de-Villeneuve (Charente-Inférieure), pour sa vache *Féodale*, de race jersiaise. (Nᵒ 92).
Production de beurre : 1 kil. 403.

3ᵉ PRIX : 100 francs et une médaille de bronze :

M. WALLET (Lucien), à Gannes (Oise), pour sa vache *Aurore-de-Gannes*, de race jersiaise, (Nᵒ 95). Production de beurre : 1 kil. 115.

4ᵉ PRIX : 75 francs et une médaille de bronze :

M. GAMEZ (Jean-Baptiste), à Morenchies (Nord), pour sa vache de race jersiaise. (Nᵒ 86). Production de beurre : 0 kil. 895.

Hors Concours :

M. GAMEZ (Jean-Baptiste), à Morenchies (Nord), pour sa vache de race jersiaise. (Nᵒ 93). Production de beurre : 0 kil. 827.

5ᵉ PRIX : 50 francs et une médaille de bronze :

Mᵐᵉ DEVEMY, à Bondues (Nord), pour sa vache *Favorite*, de race jersiaise. (Nᵒ 96). Production de beurre : 0 kil. 810.

Prix spéciaux

PRIX de 75 francs et une médaille d'argent, à la vache ayant donné la plus grande quantité de lait :

Mᵐᵉ DE CLERCQ, à Oignies (Pas-de-Calais), pour sa vache *Tosca*, de race durham. (Nᵒ 83). Production totale de lait : 33 kil. 325.

PRIX de 75 francs et une médaille d'argent, à la vache ayant donné le lait le plus riche en matière grasse :

M. GAMEZ (Jean-Baptiste), à Morenchies (Nord), pour sa vache de race jersiaise) (N° 93). Le kilo de beurre avec 11 kil. 729 de lait.

Prix spéciaux sans distinction de race ni d'âge ou Prix de Championnat

PRIX de 75 francs et une médaille d'argent, à la vache ayant donné la plus grande quantité de lait :

M. PAGNERRE (Aristide), à Longchamps (Eure), pour sa vache *Jaunette*, de race normande. (N° 43). Production totale de lait : 58 kil. 500.

PRIX de 75 francs et une médaille d'argent, à la vache ayant donné le plus de lait par 100 kilos de poids vif :

M. PHILIPPART, à Haussez (Seine-Inférieure), pour sa vache *Pâque-relle*, de race normande. (N° 13).
Production de lait par 100 kilos de poids vif : 10 kil. 800.

PRIX de 75 francs et une médaille d'argent, à la vache ayant donné la plus grande quantité de beurre :

M. DUBUC (Antoine), à Thil-Riberpré (Seine-Inférieure), pour sa vache *Belle-en-tout-temps*, de race normande. (N° 11).
Production totale de beurre : 2 kil. 830.

PRIX de 75 francs et une plaquette d'argent offerte par le journal l'*Acclima-lation*, à la vache ayant donné le plus de beurre par 100 kilos de poids vif :

M. CHEVALIER (Edgar), à Marques (Seine-Inférieure), pour sa vache *Fertile*, de race jersiaise. (N° 91).
Production de beurre par 100 kilos de poids vif : 0 kil. 516.

Dégustation des Beurres

Classement arrêté par le Jury spécial :

Race Normande

1° Une médaille de vermeil, au lot N° 15, de la vache *Génie*, à M. LEMÉTAIS (Henri), aux Essarts-Varimpré (Seine-Inférieure);

2° Une Médaille d'argent, au lot N° 23, de la vache *Cerise*, à M. BERTAUX (Théophile), à Brémontier-Merval (Seine-Inférieure);

3° Une médaille de bronze, au lot N° 18, de la vache *Petite-Eléphante*, à M. CARREY-PREVOST, à Etainhus (Seine-Inférieure);

4° Lot N° 24, de la vache *Cachemire*, à M. DUPARC (Lucien), au Houlme (Seine-Inférieure);

5° Lot N° 41, de la vache *Cigarette*, à M. BOUCHON (Albert), à Nassandres (Eure);

6° Lot N° 44, de la vache *Jeannelon*, à M. LEBARON (Pierre), à Tocqueville (Manche) ;

7° Lot N° 8, de la vache *Tranquille*, à M. BERTAUX (Théophile), à Brémontier-Merval (Seine-Inférieure);

8° Lot N° 22, de la vache *Bringette*, à Mme LE ROND DE DAVAYE, à Longueil (Seine-Inférieure);

9° Lot N° 12, de la vache *Rigolette*, à M. DUFOUR (Paul), à Londinières (Seine-Inférieure).

Race Flamande

1° Une médaille d'argent, au lot N° 56, de la vache *Mouton*, à M. WIRQUIN (Gustave), à Saint-Folquin (Pas-de-Calais) ;

2° Une médaille de bronze, au lot N° 68, de la vache *Marguerite*, à M. MICHEL (Edouard), à Bucquoy (Pas-de-Calais);

3° Lot N° 60, de la vache *La Petite-Brune*, à M. DECROMBECQUE (Guislain), à Hersin-Coupigny (Pas-de-Calais);

4° Lot N° 58, de la vache *Ninon*, à M. DEQUIDT, à Saint-Sylvestre-Cappel (Nord) ;

Race Hollandaise

1° Une médaille d'argent, au lot N° 76, de la vache *Sophie*, à M. DELATTRE (Désiré), à Lompret (Nord);

2° Lot N° 79, de la vache *Malcornée*, à M. GUEULE (Edmond), à Précy-sur-Arc (Oise);

3° Lot N° 62, de la vache *Blanchette*, à M. BOISSEAU (Lucien), à Lagny-le-Sec (Oise);

4° Lot N° 61, de la vache *Cocotte*, à M. GAMEZ (Jean-Baptiste), à Morenchies (Nord).

Pas de Classement pour la Race Durham et la Race Mancelle

Race Bretonne

1° Une médaille de bronze, au lot N° 99, de la vache *Coquette*, à M. FOULONGNE (Charles), à la Haye-de-Calleville (Eure);

2° Lot N° 100, de la vache *Tranquille*, à M. DESCHAMPS (Isidore), à Harcourt (Eure).

Race Jersiaise

1° Une médaille d'argent, au lot N° 96, de la vache *Favorite*, à Mme DEVEMY (Marguerite), à Bondues (Nord) ;

2° Lot N° 88, de la vache *Finette*, à M. GAMEZ (Henri), à Saint-Michel-des-Andaines (Orne) ;

3° Lot N° 85, de la vache *Kita*, à M. AYRAUD (Jules), à Saint-Martin-de-Villeneuve (Charente-Inférieure).

4° Lot N° 92, de la vache *Féodale*, à M. AYRAUD (Jules), à Saint-Martin-de-Villeneuve (Charente-Inférieure);

N. B. — Toutes les médailles attribuées pour le Concours des Beurres, ont été offertes par la Société française d'Encouragement à l'Industrie Laitière.

Concours de Traite

1er PRIX : 20 fr., Mlle LAUNAY (Désirée), à La Milesse (Sarthe);
Hors Concours : Médaille d'argent grand module, M. DUPARC, au Houlme (Seine-Inférieure);
2e PRIX : 15 fr., M. RICHARD VAN DORFE, à Lagny-le-Sec (Oise);
3e — 10 fr., M. PETIT (Émile), à Hersin-Coupigny (Pas-de-Calais);
4e — 8 fr., M. SUIRE, à Saint-Martin-de-Villeneuve (Charente-Inférieure);
5e — 8 fr., M. RIEHL, à Gannes (Oise);
6e — 8 fr., M. BERG, à Verlinghem (Nord);
7e — 8 fr., Mlle LE POITTEVIN (Marie), à Valognes (Manche);
8e — 8 fr., M. ALBERT (Henri), à Londinières (Seine-Inférieure);
9e — 5 fr., M. VUAGNIAUX, à Pontru (Aisne);
10e — 5 fr., M. MAYOR, à Nassandres (Eure);
Hors Concours : Médaille de bronze, M. BANCE (Florimond);
11e PRIX : M. MEGRET, à Longchamps (Eure);
12e — 5 fr., M. GALOT dit FRANÇOIS, à Écouis (Eure);
13e — 5 fr., M. TOURLIEZ (Nicolas), à Léchelle (Pas-de-Calais);
14e — 5 fr., M. RENAULT (Émile), à Bihorel (Seine-Inférieure);
15e — 5 fr., M. BELLET, à Étainhus (Seine-Inférieure);
16e — 5 fr., M. QUERTIER (Élie), à La Haye-de-Calleville;
17e — 5 fr., M. AUOZOU, à La Chapelle-d'Aligné (Sarthe);
18e — 5 fr., M. DECOTTIGNIES, à Bondues (Nord);
19e — 5 fr., M. DELEU (Pierre), à Lompret (Nord);
20e — 5 fr., M. BRETON (Émile), à Saumont-la-Poterie (Seine-Inférieure);
Hors Concours : Médaille de bronze, M. VAESKEN, à Arneke (Nord);
21e PRIX : 5 fr., M. HERMILLY, à Saint-Germain-de-Livet (Calvados);
22e — 5 fr., M. BERTHE (Jules), à Thil-Riberpré (Seine-Inférieure);

Primes aux Trayeurs

Une prime de 15 fr., à M. MÉGRET (Louis-François), chez M. Pagnerre (Aristide), à Longchamps (Eure).
— 15 fr., à M. COUTARD (Louis), chez M. Philippart fils, à Haussez (Seine-Inférieure).
— 15 fr., à M. BERTHE (Jules), chez M. Dubuc (Antoine), à Thil-Riberpré (Seine-Inférieure).
— 15 fr., à M. HENRY (Eugène), chez M. Chevalier (Edgar), à Marques (Seine-Inférieure).

Une prime de 10 fr , à M. NOYON (Marcel), chez M. Bertaux, à Brémontier-Merval (Seine-Inférieure).

— 10 fr., à M. HERMILLY (Maurice), chez Mme Du Boullay, à Saint-Germain-du-Livet (Calvados).

— 10 fr., à M. GALLOT (François), chez M. Potiquet, à Ecouis (Eure).

— 10 fr., à M. VAN DORFE (Richard), chez M. Boisseau (Lucien), à Lagny-le-Sec (Oise).

— 10 fr , à M. VERMEERSCH (Jules-Camille), chez M. Ghestem (Alix), à Verlinghem (Nord).

— 10 fr., à M. GAMEZ (Charles-Henri), chez M. Gamez (Henri), à Saint-Michel-des-Andaines (Orne).

— 5 fr., à M. VUILLAUME (Benoit), chez Mme de Clercq, à Oignies (Pas-de-Calais).

— 5 fr., à M. CLATOT (Eugène), chez M. Lavoinne frères, à Boudeville (Seine-Inférieure).

— 5 fr., à M. BELLOT (Alphonse), chez M. Carrey-Prévost, à Etainhus (Seine-Inférieure).

— 5 fr., à M. PILET (Auguste-Gabriel), chez M. Lebaron, à Tocqueville (Manche).

— 5 fr., à M. ONFROY (Clément), chez M. Lefauconnier (Jean) à Ecoquencauville (Manche),

— 5 fr., à M. PÉTET (Emile), chez M. Decrombecque, à Hersin-Coupigny (Pas-de-Calais).

— 5 fr., à M. MARCAUT (Nestor), chez M. Duflou, à Herzelle (Nord).

— 5 fr., à M. CHAZOU (Frédéric), chez M. Voisin (Louis), à la Chapelle d'Aligné (Sarthe).

— 5 fr., à M. SUIRE (Alphonse), chez M. Ayraud (Jules), à St-Martin-de-Villeneuve (Charente-Inférieure).

— 5 fr., à Mlle LEROUX (Marie-Juliette), chez M. Leroux (Simon), à Neuvy-en-Champagne (Sarthe).

— 5 fr., à M. RENOULT (Emile), chez M. Ponchy (Théodore), à Bihorel (Seine-Inférieure).

— 5 fr., à M. VHÉDÉRIST (Frankz), chez M. Henry (Léon), à Caugé (Calvados).

— 5 fr., à M. AUDINELLE (Honoré), chez M. Quillet, à Doudeauville (Eure).

— 5 fr., à M. GILBERT (Jules), chez M. Delattre (Désiré), à Lompret (Nord).

— 5 fr., à M. VAESKEN (Léon), chez M. Vaesken (Henri), à Arnèke (Nord).

— 5 fr., à M. BIEL (Léon-Joseph-Edouard), chez M. Wallet à Gannes (Oise).

Compte rendu du Concours

Par M. Félix LAURENT
Vice-Président de la Société.

I.

Sa raison d'être et son but.

Avec le Concours beurrier de Forges-les-Eaux, en juin 1906, la Société centrale d'agriculture de la Seine-Inférieure, rompant avec des errements séculaires, avait inauguré en France des épreuves pratiques d'un genre absolument nouveau. Au lieu de s'en remettre aux indices extérieurs pour apprécier les aptitudes laitières et beurrières des vaches, elle avait résolument classé les animaux d'après la quantité de leurs produits en un temps déterminé. Pour mieux montrer la fragilité des méthodes usuelles de classement, elle était même allée jusqu'à opposer aux décisions d'un Jury composé de praticiens très expérimentés et qui, pourtant, s'appuyaient sur des « tabelles » minutieusement établies, les résultats très différents et indiscutables du laboratoire et de la laiterie. Ce fut la première tentative faite dans ce sens. Dix ans plutôt, en 1896, à Saint-Brieuc, il y eut bien des épreuves pratiques instituées sur des vaches laitières par la Société des Agriculteurs de France, mais il suffit de consulter le rapport spécial, très complet, inséré dans le Bulletin de cette grande Société, pour s'apercevoir qu'il s'est agi seulement, en réalité, d'essais d'alimentation, et que la conduite des opérations ne permit nullement de déterminer les aptitudes individuelles des bêtes concurrentes.

L'initiative prise par la Société Centrale d'agriculture de la Seine-Inférieure fut relevée en son temps par toute la presse agricole, et les brillants résultats du concours de Forges, qui mirent en vedette les remarquables aptitudes laitières et beurrières des vaches normandes, se trouvèrent discutés par nos zootechniciens les plus en vue. Dans l'*Agriculture nouvelle*, dans le *Journal de l'Agriculture*, dans l'*Agriculture pratique*, dans l'*Acclimatation* et dans bien d'autres revues spéciales, MM. Marcel Vacher, Henri Sagnier, Raoul Gouin et Moussu, pour ne citer que quelques noms, ont appelé l'attention de leurs lecteurs sur les nouveaux procédés mis en œuvre en Seine-Inférieure. Enfin, notre académie agricole, la Société Nationale d'agriculture de France, s'est occupée, elle aussi, du concours de Forges et en a commenté l'organisation et les résultats avec la plus grande bienveillance ; bien mieux, elle a profité de cette circonstance pour rappeler le brillant passé de la Société centrale d'agriculture de la Seine-Inférieure et — distinction suprême et si rare qu'elle était accordée pour la seconde fois seulement à une société agricole par l'illustre compagnie — elle lui a décerné un diplôme d'honneur pour services rendus à l'agriculture de la région.

Mais la Société d'agriculture de la Seine-Inférieure ne pouvait se contenter d'avoir abordé, la première, une question qui intéresse à si haut point l'élevage français et, par conséquent, la fortune nationale. Certes, dès maintenant, l'excellent exemple qu'elle a donné porte ses fruits, le mouvement se propage et, un peu de tous côtés, dans le Nord et l'Ouest de la France, on se prépare à répéter le concours de Forges, à entrer dans la voie des épreuves pratiques pour les vaches laitières. C'est la Société des agriculteurs de France qui, dès le début de l'année, en même temps que son concours régional libre d'Angers, a annoncé, pour juillet prochain, la tenue d'un concours beurrier ouvert à quarante vaches ; et, fait très flatteur pour la Société de la Seine-Inférieure, elle a adopté, de façon fidèle, presque autant dans la forme que dans le fond, les différentes clauses du programme de Forges. Dans les Flandres, dans les Charentes, l'idée fait également son chemin et, de ces régions, des demandes de renseignements sont parvenues à Rouen, en vue de prochains concours. La Société centrale de la Seine-Inférieure n'en a pas moins tenu à compléter son rôle d'initiatrice, à donner une impulsion définitive aux concours beurriers ; aussi a-t-elle saisi avec empressement l'occasion du concours national de Rouen, où devaient se rencontrer les éleveurs des principales races laitières du Nord et du Nord-Ouest de la France, pour frapper un coup décisif.

Ce n'est point, comme d'aucuns pourraient le supposer, par vaine satisfaction d'amour-propre que la grande Société agricole de la Haute-Normandie a pris cette décision, et nullement par plaisir de faire du nouveau, de revivifier l'intérêt languissant de nos concours agricoles, en leur donnant une forme originale, plus attrayante pour le public. Les Normands sont, avant tout, gens pratiques et, si le concours beurrier de Rouen a été organisé, c'est qu'il répondait à une nécessité urgente, et qu'il est grand temps d'ouvrir les yeux à la vérité zootechnique. Il faut qu'à leur tour, plus rapidement, pour regagner le temps perdu et parce qu'ils peuvent profiter de l'expérience d'autrui, avec plus de succès aussi, parce qu'ils disposent de races bovines magnifiquement douées, nos éleveurs fassent ce qu'ont fait leurs concurrents des pays voisins.

Il existe, dans nos campagnes, des errements regrettables contre lesquels on ne saurait s'élever avec trop de force ; il s'y propage des théories mauvaises, absolument controuvées, qu'il convient de faire disparaître au plus tôt. Jusqu'alors, le plus grand nombre de nos éleveurs n'ont tenté aucune amélioration sérieuse en ce qui concerne la production du lait ; les facultés laitières ont été négligées aux dépens de la conformation et de l'aptitude à l'engraissement. Depuis une vingtaine d'années, nos races de travail et nos races à viande ont largement progressé et plusieurs d'entre elles n'ont plus rien à envier aux meilleures races de l'étranger. Malheureusement, pour les aptitudes laitières, nous n'en sommes pas à apprécier les améliorations réalisées, mais plutôt à mesurer le terrain perdu.

Pourtant, si la recherche de la bonne conformation est indispensable, si l'intérêt des éleveurs les poussent à sélectionner leurs bovidés en vue d'une production plus intense, plus rapide, plus économique de la viande, et d'une viande de meilleure qualité, est-il permis de ne pas faire les mêmes efforts pour l'amélioration des qualités laitières, pour la recherche de bêtes produisant plus de lait et un lait de meilleure qualité ? Poser la question c'est la résoudre, surtout lorsqu'on consulte les statistiques et qu'on s'aperçoit que la production laitière de la France s'élève au chiffre formidable de quatre-vingts millions d'hectolitres de lait par an, représentant un revenu brut de plus de douze cents millions pour notre agriculture.

Le point capital, qui doit retenir l'attention des éleveurs, c'est que la production du lait, comme tant d'autres, dépend avant tout des aptitudes individuelles. La question est nettement tranchée depuis que nos connaissances en matière d'alimentation ont pu prendre quelque précision, depuis que de belles expériences, poursuivies avec toute la méthode désirable, sur des troupeaux entiers, pendant des mois et des années, nous ont apporté des preuves indiscutables de ce fait.

L'alimentation n'a pas d'influence sur la qualité du lait et surtout sur sa teneur en matière grasse, ou du moins cette influence est si faible et si éphémère qu'on peut la considérer comme à peu près nulle. L'action spécifique des aliments est insignifiante à ce point de vue, contrairement aux idées courantes. Ce n'est pas, du reste, une raison pour négliger l'alimentation de la bête laitière, car la ration doit lui apporter des matériaux en quantité suffisante pour lui permettre de faire fonctionner au maximum sa mamelle, cette glande énorme dans laquelle s'élabore le lait, et la production quantitative du lait se trouve grandement sous la dépendance du régime alimentaire. Mais une bête naît bonne beurrière et ne peut le devenir, et ce n'est pas en mélangeant à ses aliments des produits riches en matières grasses digestibles qu'on arrive à augmenter sensiblement la teneur en beurre de son lait.

Si la qualité du lait est à peu près exclusivement une question d'aptitude individuelle, si avec une alimentation semblable, deux vaches de même race, de même âge, également éloignées de vêlage, placées en somme dans des conditions aussi identiques que possible, fournissent du lait de composition très inégale. on comprend que la recherche de ces aptitudes individuelles s'impose au premier chef. Il faut les préciser, non point à l'aide des indices extérieurs, éminemment trompeurs, quoique on en ait dit, mais bien par l'expérimentation directe, par la pesée du lait obtenu, par l'analyse de ce lait et mieux encore par la fabrication du beurre. Avec une pareille méthode, on est assuré de connaître exactement l'aptitude laitière de chaque bête, ce qui est déjà important lorsqu'il s'agit d'exploiter les individus en vue de la production du lait, mais ce qui est infiniment plus précieux encore quand on veut faire de l'élevage et qu'on recherche des jeunes qui possèdent les mêmes qualités que leurs parents. Car — et c'est là un autre point très intéressant — ces aptitudes laitières et beurrières se transmettent aussi fidèlement et dans les mêmes conditions que la plupart des autres aptitudes individuelles, que telle conformation ou que la propension à prendre de la graisse. La transmission sera à peu près certaine, en recourant à la sélection et mieux d'abord à la consanguinité, en mettant en présence des reproducteurs à aptitudes semblables, en prenant soin que le taureau descende lui-même d'une mère excellente laitière et beurrière. Au bout de quelques années, grâce à une sélection opiniâtre poursuivie constamment dans le même sens, quand les générations se seront accumulées et que l'atavisme sera de moins en moins à craindre, les progrès se montreront très sensibles et le succès couronnera pleinement les efforts des éleveurs.

Les Anglais, nos maîtres en matière d'élevage, ont compris depuis quelque temps déjà cette vérité, et les concours beurriers sont en grand honneur chez eux. On les trouve, non seulement à Jersey, où, depuis 1893, ils ont si bien contribué à l'amélioration de la fameuse petite vache jersiaise, tenue partout aujourd'hui pour la première beurrière du monde, mais encore à leur « Royal Show » de fin juin, ou grand concours ambulant de la Société Royale d'agriculture d'Angleterre, et aussi à la réunion agricole d'hiver, qu'organise à Londres, aux approches de Noël, le « Smithfield Club ».

Si le concours beurrier, le « Butter Test » de nos voisins d'outre-Manche, est un guide excellent pour les éleveurs, ce n'est pas le seul moyen recommandable pour assurer la sélection des vaches laitières. En organisant son concours de Forges-les-Eaux, la Société centrale d'agriculture de la Seine-Inférieure l'a déjà déclaré et il importe sans doute de le répéter, afin qu'aucun malentendu ne survienne, qu'aucune critique ne puisse s'élever. A côté du concours beurrier des Anglais, il y a le Syndicat de contrôle laitier des Danois, des Suédois, des Allemands et des Suisses. Avec ce dernier, ce n'est plus la bête qu'on mène au champ de concours, pour la soumettre à des épreuves pratiques, pendant un laps de temps forcément trop court, dans des conditions assez défavorables pour la plupart des animaux, qui se trouvent dérangés de leurs habitudes et de leur régime alimentaire. Au contraire, ce sont les chimistes, avec leurs appareils de contrôle, qui se rendent d'étable en étable, avec la mission de surveiller successivement toutes les bêtes de chaque troupeau, de déterminer leur production et d'analyser leur lait plusieurs jours de suite, parfois des semaines entières, alors que les conditions restent tout à fait normales.

On ne saurait trop le répéter, il y a place à la fois pour le concours beurrier et pour le syndicat de contrôle laitier. Le premier reste l'instrument de vulgarisation, et constitue aussi le champ clos où les éleveurs viennent faire reconnaître et récompenser les résultats de leurs efforts; le syndicat de contrôle est l'instrument ordinaire de travail, qui facilite la tâche de l'éleveur, mais il devient possible seulement dans les pays gagnés aux procédés rationnels de sélection laitière. D'ailleurs, l'un n'exclut pas l'autre; ils doivent se compléter. Cela est si vrai que les Danois, qui ont organisé depuis nombre d'années des syndicats de contrôle laitier et qui ont obtenu d'excellents résultats, au point d'abaisser de 2 à 3 litres au moins la quantité moyenne du lait nécessaire pour obtenir un kilo de beurre, semblent vouloir venir à leur tour aux concours beurriers. Les revues spéciales n'annonçaient-elles pas, tout dernièrement, qu'une délégation des sociétés danoises venait d'être envoyée à Jersey avec mission d'étudier l'organisation des concours beurriers de cette île ?

À Forges-les-Eaux, la Société centrale d'agriculture de la Seine-Inférieure avait fait une première démonstration, pour les éleveurs de la région laitière par excellence de son département. Son concours beurrier de Rouen, annexe du concours national agricole, s'est adressé à tous les éleveurs de la race normande, aussi bien à ceux du Cotentin et du Val-de-Saire qu'à leurs collègues de la Haute-Normandie, et il devait profiter également à l'élite des éleveurs des principales races laitières du Nord et du Nord-Ouest : flamande, hollandaise, jersiaise, bretonne, durham et mancelle.

Était-ce bien là le but que devait se proposer une société départementale ? Les personnes qui se placent au point de vue étroit de l'intérêt local, auraient été tentées de réserver à l'élevage d'une race, et mieux aux seuls animaux du département, les larges subsides que, très généreusement, le Ministère de l'agriculture, le Conseil général de la Seine-Inférieure et la Ville de Rouen avaient octroyés à la Société centrale d'agriculture, sans autre condition spéciale que d'organiser un concours beurrier. Mais ceux, de plus en plus nombreux, qui comprennent la nécessité d'une solidarité complète entre tous les éleveurs d'un même pays, qui voient la concurrence ne plus s'exercer seulement de département à département, de province à province, mais plutôt de nation à nation, ceux-là ne peuvent blâmer la Société centrale d'agriculture de la Seine-Inférieure d'avoir appelé tous les éleveurs accourus au concours national de Rouen, à bénéficier de ses efforts et de ses ressources. En faisant cela, elle a continué fidèlement une vieille tradition ; en s'inspirant uniquement des intérêts généraux du pays, elle a bien mérité, une fois de plus, de l'agriculture de toute la région et même de la France entière.

II.

L'Installation et le Matériel.

Si l'institution des concours nationaux n'a pas encore trouvé grâce auprès des reporters de certains journaux et revues agricoles de Paris, du moins les critiques cessent et l'on constate une unanimité parfaite quand il s'agit de décrire le cadre imposant que la vieille capitale normande offre aux fêtes agricoles. La magnifique promenade du Cours-la-Reine, trop délaissée en temps ordinaire et qui ne reprend d'animation qu'avec les expositions et les concours, est vraiment digne de la grande ville qui la possède. Sous les gigantesques arceaux de verdure d'arbres centenaires, sur les rives de ce fleuve puissant auquel Rouen doit la prospérité de son port, en face des énormes falaises crayeuses que couronne Bonsecours, avec, vers la ville, cet horizon unique de tours et de clochers qu'a célébré un grand poète, un concours, quel qu'il soit, a de suite fort grand air.

Pourtant, avec ce joli décor, l'organisation d'un concours beurrier ne laisse pas d'être embarrassante. A Forges-les-Eaux, l'année précédente, la Société centrale d'agriculture de la Seine-Inférieure n'avait pas eu, pour ainsi dire, de préparatifs à faire. Des herbages de première qualité pour le pâturage des vaches, un marché aux bestiaux fort bien aménagé et constituant un ring de traite idéal, une halle au beurre de vastes dimensions et à l'aire parfaitement bétonnée, facilement transformable en laiterie modèle, c'était un ensemble de conditions très favorables à l'installation d'un concours beurrier. Au Cours-la-Reine, au contraire, tout est à créer. Il ne faut même pas songer à se servir de la prairie voisine, de surface restreinte et de flore par trop mal composée, pour la nourriture des animaux : c'est la stabulation forcée.

Pour recevoir le matériel de laiterie et de laboratoire, un grand hangar a été édifié. C'est le bâtiment de ferme par excellence, le plus commode, le plus économique, et à défaut de la nécessité, la logique l'eut imposé pour un concours de ce genre. Avec ses dimensions déjà très respectables, des fermes de 18 mètres de portée, un comble haut de 10 mètres et une longueur de 30 mètres, ce vaste hall en fer constitue une véritable galerie des machines et ses formes harmonieuses n'ont nul besoin d'oriflammes ni de guirlandes pour être mises en valeur.

Une aire cimentée est indispensable pour une laiterie, alors même qu'elle doit être utilisée seulement pendant quelques jours. En effet, pour traiter plusieurs milliers de litres de lait, il faut prévoir des mètres cubes et des mètres cubes d'eau, d'où la nécessité d'un sol imperméable, pouvant être lavé facilement. Un béton a donc été établi sur près de 500 mètres carrés, assez profond pour encastrer d'épais madriers disposés sur douze lignes parallèles, à distances soigneusement calculées, et destinés à retenir les appareils de laiterie à l'aide de tire-fond. La tâche du cimentier ne s'est pas bornée à faire une aire imperméable, de pente suffisante pour l'écoulement rapide des eaux de lavage, et à édifier les solides massifs qui supportent le moteur et ses accessoires ; il lui a fallu encore procéder à une installation qui, pour être cachée aux yeux du public, n'en est pas la partie la moins indispensable ni la moins intéressante de la laiterie : la salle de maturation de la crème. Dans ce local parfaitement isolé, en arrière du hall, de vastes bacs en ciment ont été aménagés pour recevoir les cent brocs métalliques qui renferment la crème de chacune des vaches concurrentes et doivent être toujours maintenus à la température la plus favorable à la fermentation.

Dissimulée en grande partie, elle aussi, l'installation de plomberie n'en est pas moins très importante et a nécessité de gros travaux. Nombre de tuyaux ont été logés dans le sol, sous le béton, et portent de tous côtés l'eau à profusion. Au milieu du hall, et à chaque extrémité, voici de gracieuses bornes-fontaines, ayant chacune robinet d'eau chaude et robinet d'eau froide ; de même, dans la crêmerie, à la tête des quatre bacs en ciment, il existe des prises d'eau chaude et d'eau froide, de quoi régler à volonté, en se servant au besoin d'un peu de glace, la température de l'eau dans laquelle sont immergés les bidons à crème. Le gaz court également de toutes parts et des conduites l'apportent au laboratoire, à portée des chimistes, comme à la laverie, où de coquets appareils en cuivre, tenus constamment allumés pendant la durée des travaux, assurent l'alimentation de la laiterie en eau chaude. Grâce à cette installation si complète, le service est très facile et les nettoyages, en particulier, se font avec la plus grande rapidité ; il suffit de visser une lance et son tuyau de caoutchouc sur les robinets qui livrent l'eau froide à la haute pression des réservoirs de la ville, pour inonder en quelques minutes l'aire cimentée, cependant que les eaux de lavage, emportées par la pente très forte, de près de deux centimètres par mètre, s'écoulent dans de profonds caniveaux et de là dans des conduites de grès à gros diamètre qui les jettent directement à la Seine.

Ainsi aménagé, clos à l'arrière par une solide cloison en bois, fermé sur les côtés par des tribunes, le vaste hall présente toutes facilités désirables pour le fonctionnement d'un laboratoire et d'une laiterie. Le laboratoire, qui occupe l'une des extrémités et s'étend sur près de cent mètres carrés, se subdivise en deux parties : l'une réservée au service des fermentations, la seconde à celui des analyses. Le docteur Roux, l'éminent directeur de l'Institut Pasteur, a bien voulu décider la participation officielle du célèbre établissement à l'œuvre de la Société centrale d'agriculture de la Seine-Inférieure, et c'est M. Mazé, chef du laboratoire de chimie et de microbiologie agricoles de l'Institut Pasteur, qui a présidé à l'installation du service des fermentations ; il a apporté de Paris une collection très complète de cultures des principaux ferments du lait, ainsi que les microscopes, étuves et autres appareils nécessaires pour ses démonstrations. L'aménagement du laboratoire d'analyses est dû, en grande partie, à la Station agronomique de la Seine-Inférieure, et la plupart des appareils qui y figurent, proviennent de ce grand établissement départemental. On y trouve tout ce qui est nécessaire à l'analyse du lait : quatre contrôleurs Gerber, qui permettent de traiter à la fois trente-deux échantillons de lait, des bains-marie, des burettes automatiques pour les acides et les liqueurs titrées, des balances, des appareils pour l'échantillonnage, préparés spécialement en vue du concours, enfin un matériel considérable et qui doit permettre de mener à bien plus de mille dosages pendant la durée du concours.

La laiterie est certes le clou de l'exhibition et fait le plus grand honneur à la maison Garin, de Cambrai, que la Société centrale d'agriculture de la Seine-Inférieure a eu la bonne fortune de voir assumer la charge de cette partie capitale de son installation. Un examen superficiel ne fait pas ressortir les difficultés de toutes sortes que la maison Garin a dû surmonter, et il paraît tout naturel à l'immense majorité des visiteurs de faire tourner mécaniquement cette quantité considérable d'appareils perfectionnés. Quelle est la laiterie moderne qui ne dispose pas d'un moteur ? Mais toute la difficulté résidait, non pas tant peut-être dans la réussite et le parfait fonctionnement d'une installation mécanique toute provisoire, que dans le nombre et le faible débit des appareils à utiliser. Dans les laiteries industrielles qui travaillent des quantités considérables de lait, les appareils sont très puissants, mais le nombre en est réduit; pour le traitement de 20,000 litres de lait par jour, il suffit de trois ou quatre écrémeuses, chacune d'un débit d'au moins 2,000 litres de lait à l'heure, et d'une baratte et d'un malaxeur à grand travail, ou plus simplement même, de l'une de ces barattes-malaxeurs de modèle perfectionné que l'on commence à importer de Danemark et de Suède.

Avec un concours beurrier, rien de semblable. La quantité de lait travaillée au concours de Rouen n'atteint pas 2,000 litres par jour, ce qui serait insignifiant pour une laiterie industrielle, mais il faut traiter toujours séparément le lait de chaque vache et baratter à part la crème qui en provient, d'où des complications considérables et la nécessité d'un grand nombre d'appareils de petit débit. On est donc obligé de s'en tenir aux appareils du modèle le plus réduit, ou à peu près, c'est-à-dire qui ne sont jamais actionnés qu'à la main dans la pratique courante. Pourtant, si l'on ne veut pas exagérer le nombre des manœuvres, et surtout si l'on tient à ce que les différentes opérations se poursuivent exactement dans les mêmes conditions et que tous les appareils tournent à une vitesse égale, l'emploi d'un moteur reste indispensable. On juge du travail et des frais considérables auxquels a dû s'astreindre la maison Garin pour préparer cet important matériel composé de 8 écrémeuses, 33 barattes et 8 malaxeurs, pour mettre des poulies de commande à tous ces appareils qui normalement n'en ont point, enfin pour construire ces transmissions volantes posées presque au ras du sol et qui ne peuvent servir à d'autres usages. Il y a là une préparation fort délicate qui a absorbé, des semaines durant, le personnel très expérimenté des beaux ateliers de la maison Garin, à Cambrai, d'où sortent, chaque année, plus de 7,000 de ces fameuses écrémeuses Mélotte, les seules qui soutiennent victorieusement sur tous les points de la France, la concurrence des centrifuges étrangères.

Un moteur Masure, de dix chevaux, fonctionnant à l'essence, de façon très silencieuse et sans le moindre à-coup, fait tourner les écrémeuses, les barattes et les malaxeurs, qui sont disposés sur quatre lignes longues de près de vingt mètres l'une. Mais d'autres appareils retiennent l'attention ; d'abord, une pompe à lait, placée à l'extrémité de la ligne des huit écrémeuses et qui refoule le lait écrémé dans une superbe tonne à eau de 1,000 litres, gracieusement prêtée par la maison Amiot, de Bresles ; puis dans la laverie, deux échaudoirs à vapeur servant trois fois par jour au nettoyage des cent brocs qui reçoivent le lait des vaches concurrentes. Chaque échaudoir, muni d'une vanne d'arrivée de vapeur et d'une vanne d'arrivée d'eau froide, permet de traiter deux brocs à la fois. La vapeur est produite par une petite chaudière verticale, de la force de deux chevaux et timbrée à 6 kilos, placée dans une arrière-cour, entre le hall et la Seine.

4

Quelques instants suffisent aux deux ouvriers préposés au service des échaudoirs pour assurer de façon parfaite le nettoyage des pots à lait ; à cheval
sur un caniveau profond, ainsi du reste que les différentes tables de la
laverie, les échaudoirs y déversent directement l'eau de lavage, et celle-ci est
entraînée de suite aux conduites qui débouchent dans la Seine.

Mais, à côté de cette belle installation de la maison Garin, dans la salle
de démonstrations voisine de la laiterie et qui, à l'autre extrémité du hall,
fait pendant au laboratoire, voici d'autres appareils, marchant tous à la main
ceux-là ; c'est le matériel de l'École ambulante de laiterie du département du
Nord, utilisé exclusivement pour les démonstrations et le cours pratique de
traitement du lait et de fabrication de fromage et de beurre que le personnel
de cette École poursuit sous les yeux des visiteurs.

En face du hall, à l'autre extrémité du vaste rond-point du Cours-la-Reine,
par delà de superbes massifs fleuris, s'ouvre le Ring de traite qui se développe sur cent mètres de longueur et occupe toute l'avenue reliant le Cours-
la-Reine à la passerelle de Grammont. Ici, c'est le triomphe du ciment armé.
La maison Fréret, de Pîtres, a placé de jolies et solides lisses en ciment ;
sous leur peinture blanche, elles imitent à s'y méprendre les plus coquets
barrages en bois et sont d'une solidité à toute épreuve et surtout d'une inal-
térabilité parfaite. Chaque poteau, distant de 2 mètres 50 de ses voisins, ne
pèse pas moins de 50 kilos et est enfoui dans le sol de plus de 60 centimètres.
Le travail est considérable, mais aussi il ne paraît guère possible de réussir
un ring plus coquet ni plus séduisant.

Tout près, reliée au ring par un pont, commence la prairie où sont disposés
les baraquements qui abritent tous les animaux du Concours national et du
Concours beurrier. Ces derniers, alignés sur une seule rangée, ont des stalles
soigneusement installées, munies à l'arrière de rideaux mobiles qui doivent
les protéger de la fraîcheur de la nuit et des ondées possibles. Une barrière,
placée quelques mètres en arrière, isole cette ligne de stalles et empêche les
visiteurs du Concours national de venir tourmenter les animaux.

Pas plus au ring de traite que dans leurs stalles, les vaches ne doivent
subir le moindre dérangement et, seuls, les exposants et leurs employés
peuvent circuler librement dans son enceinte. De hauts rideaux de toile sont
placés en avant des barrages en ciment armé et empêchent les curieux de
troubler les vaches. Néanmoins, toutes dispositions sont prises en vue de
permettre au public de suivre très facilement et très confortablement les
diverses opérations du concours. Sur ce point encore, la Société centrale
d'agriculture de la Seine-Inférieure a tenu à innover. Certes, nos concours
agricoles sont intéressants et, dans nombre de leurs parties, ils présentent
une supériorité sur ceux de l'étranger ; mais, il faut bien l'avouer, on ne s'y
préoccupe pas assez du public. En Angleterre, en Allemagne, il est possible
de passer une journée entière dans un concours, sans la moindre lassitude,
car, de tous côtés, des tribunes, des sièges, des restaurants, des bars permettent aux visiteurs de se reposer et de se réconforter. En France, rien de

semblable, si bien qu'au bout de quelques heures, le visiteur fatigué, bousculé, ne trouvant aucun endroit pour s'asseoir, ne songe qu'à partir et ne revient pas, trop souvent, de peur d'éprouver à nouveau les mêmes ennuis, la même fatigue. Aussi, pour réagir contre ces errements, la Société centrale d'agriculture n'a rien négligé de ce qui pouvait être agréable au public.

Au Hall, deux vastes tribunes, dont l'entrée est absolument gratuite, sont installées sur les petits côtés ; là, commodément assis, les visiteurs embrassent d'un coup d'œil tout ce qui se passe à la laiterie ; en outre, de larges couloirs permettent de pénétrer au pied des tribunes, sous le Hall, et d'entendre clairement les explications qu'on ne se lasse de répéter au laboratoire et à la salle de démonstrations. De même, au Ring, s'il n'est pas permis aux visiteurs, tant pour assurer le repos des bêtes que la surveillance stricte des opérations, de pénétrer dans l'enceinte où s'effectue la traite, par contre un large espace leur est réservé à l'entrée, d'où l'on peut tout à loisir voir la traite, puis la pesée du lait et le plombage des brocs. Deux tribunes, toujours ouvertes gratuitement au public, sont également disposées en bonne place.

Dans le même ordre d'idées et pour démontrer ce qui pourrait être réalisé dans tous nos concours, des bureaux spéciaux sont aménagés à côté du Hall, à l'intention des membres de la Société. Ils y trouvent notamment un vaste salon de lecture et une salle à manger, et peuvent ainsi passer agréablement et sans fatigue toute une journée au concours.

Quel que soit son intérêt, une exposition agricole gagne toujours beaucoup à la participation des horticulteurs ; de ce côté encore, le Concours beurrier de Rouen s'est trouvé favorisé. Les lauréats de la prime d'honneur de l'arboriculture de la Seine-Inférieure. MM. Beaucantin et Le Morvan, ont bien voulu se charger de la décoration extérieure ; leur exposition d'horticulture du Concours national est même disposée contre les annexes du Hall et lui forme un entourage d'arbustes et de fleurs du plus gracieux effet. Mais la décoration la mieux réussie est celle du Ring de traite. Là, sous les belles lisses blanches en ciment armé qui délimitent l'enceinte, de chaque côté de la barrière monumentale de l'entrée, on trouve de coquets parterres fleuris. Quant aux tribunes basses et découvertes, aménagées pour le public, elles disparaissent entièrement dans la verdure et les fleurs ; à quelque distance, ce ne sont que d'énormes et superbes massifs, qui valent, d'ailleurs, à MM. Beaucantin et Le Morvan, un diplôme de médaille d'or, la plus haute récompense prévue au programme du Concours national pour l'arboriculture d'ornement.

Le fait d'avoir mené à bien une installation aussi importante, grâce aux précieux concours apportés de toutes parts avec tant d'empressement, comporte à la fois, pour la Société centrale d'agriculture de la Seine-Inférieure, un regret et une satisfaction. Le regret, exprimé par nombre de visiteurs, c'est que cette belle installation et ce matériel si perfectionné n'aient pu servir pour une durée plus longue, pour plus de trois jours. La satisfaction, et personne ne songera sans doute à la contester, c'est qu'à son second essai, la

Société de la Seine-Inférieure ait fait mieux et plus grand que la puissante Société royale d'agriculture d'Angleterre. Il est hors de doute que le Concours beurrier de Rouen a dépassé de loin, au point de vue de la perfection de l'installation et du matériel, les concours similaires organisés à l'étranger. Si la Société d'agriculture de la Seine-Inférieure a pris exemple sur l'étranger pour faire œuvre d'initiative en France, elle peut dire aussi, avec quelque fierté, qu'elle a surpassé ses modèles et qu'à leur tour, nos voisins d'Outre-Manche peuvent utilement franchir le détroit et venir étudier les Concours beurriers de France.

III.

Les Opérations

Annexe du Concours national agricole, le Concours beurrier de Rouen a tiré de gros avantages de cette situation, mais il y a rencontré aussi quelques petits inconvénients. Sans le Concours national, il n'eût pas été possible de réunir à Rouen les éleveurs les plus qualifiés de nos races laitières du Nord et du Nord-Ouest, du moins ceux des départements éloignés comme le Nord et le Pas-de-Calais, la Manche et la Sarthe. Bien qu'élevées déjà, avec leur total de 9,000 francs, les allocations en espèces prévues au programme du Concours beurrier eussent été insuffisantes pour obtenir ce résultat ; au contraire, la double attraction des primes des deux concours n'a pas manqué de produire son effet, en particulier pour la catégorie des vaches flamandes. Mais il a fallu adapter les opérations du Concours beurrier au cadre habituel des Concours nationaux, ce qui n'a pas laissé de présenter certaines difficultés.

Sur la bienveillante intervention de M. Randoing, inspecteur général de l'agriculture, le programme du Concours national de Rouen avait bien tout d'abord présenté une petite dérogation aux clauses habituelles des concours similaires. La réception des animaux terminée le mercredi matin, les opérations du jury devaient avoir lieu l'après-midi du même jour ; de la sorte, les vaches laitières devenaient libres de suite pour les épreuves pratiques du Concours beurrier, la traite préliminaire était effectuée dès le mercredi soir et le classement portait sur la production des trois journées du jeudi, du vendredi et du samedi. Malheureusement, ces premières dispositions sont à peine connues que nombre des éleveurs qui doivent participer au Concours national, réclament au Ministère de l'Agriculture. Pourquoi, disent-ils, ne pas laisser, suivant les errements habituels, les animaux se reposer quelque peu des fatigues d'un long voyage ? Il faut céder et un nouvel arrêté ministériel remet les choses en l'état ordinaire : le jury du concours national se réunira seulement le jeudi matin. C'est une journée de perdue pour les essais du Concours beurrier, qui ne peuvent porter désormais que sur deux jours, au lieu de trois comme l'année précédente à Forges-les-Eaux.

L'EXTÉRIEUR. — Vue d'ensemble.

L'INTÉRIEUR. — Partie du Laboratoire et Laiterie.

Ce n'est pas le seul inconvénient auquel il faut se plier. Il importe d'éviter toute confusion dans les opérations du jury du Concours national, et pour cela, il ne peut être question de s'occuper avant le jeudi après-midi des bêtes inscrites au Concours beurrier ; c'est seulement le jeudi à trois heures, quand tous les prix du Concours national ont été décernés, que les commissaires du Concours beurrier sont libres enfin de réunir les vaches laitières, de faire mettre chacune d'elles dans la stalle qu'elle doit occuper, de distribuer les numéros d'ordre, distincts de ceux du Concours national, de donner toutes instructions utiles au personnel. C'est à ce moment aussi qu'il est possible de commencer la pose des treillages qui vont isoler des autres parties du Concours national les baraquements réservés aux vaches laitières, en vue de défendre ces bêtes contre la curiosité importune des visiteurs, comme de permettre la surveillance qui, pendant la nuit, doit être exercée exclusivement par des agents de la Société centrale d'Agriculture de la Seine-Inférieure. Malgré tout l'empressement des exposants et des vachers, des commissaires et des employés, le travail de classement est à peine terminé à l'heure fixée pour la première traite et les barrages ne sont pas entièrement posés, si bien que la foule, désireuse d'assister aux débuts du concours, envahit le ring et qu'il faut attendre quelques instants avant de commencer la traite.

Traite préparatoire, d'ailleurs, qui ne doit pas compter pour le classement et qui a simplement pour objet de placer les bêtes concurrentes dans des conditions identiques, au début des opérations. En effet, toutes ces vaches viennent d'être soumises à des régimes très différents : les unes, amenées exclusivement pour le Concours beurrier, ont été traites à l'heure normale ; les autres passaient à deux heures de l'après-midi devant les jurys des prix d'ensemble du Concours national, et sont restées en lait jusqu'à l'issue de ces opérations, et cela depuis la veille au moins. Cette traite préparatoire ou d'épuisement, dont les débits sont très variables par suite de ces conditions si dissemblables des animaux, n'est aussi qu'une sorte de répétition générale pour tout le personnel, pour les trayeurs, pour les employés du Concours surtout qui ont été recrutés un peu de tous côtés et dont certains sont loin d'être familiarisés avec la besogne qu'on va leur demander.

Afin d'éviter toute erreur par la suite, cette traite préparatoire est conduite comme s'il s'agissait d'une opération régulière et définitive. Quand un trayeur a terminé son travail et apporté son seau rempli de lait à la tente où s'effectuent les pesées, un commissaire lui fait livrer le bidon qui porte en chiffres noirs très apparents, tant sur le côté qu'en haut près du goulot, le numéro de la vache traite. Le trayeur verse lui-même le contenu de son seau dans le bidon, à travers un tamis métallique, et désormais toutes les manipulations sont faites par les employés du Concours. Les brocs, soigneusement tarés d'avance, sont pesés sur une bascule très sensible, en présence d'un certain nombre d'exposants ; le poids brut constaté est appelé à haute voix, puis les brocs, revêtus de leur couvercle, sont ficelés et plombés avant d'être livrés aux manœuvres qui, à l'aide de petites voitures à bras les transportent, par 12 à 15 à la fois, au hall, de l'autre côté du rond-point.

Pour être des plus simples, ces opérations de traite et de pesée du lait n'en doivent pas moins être surveillées de très près, afin d'éviter les erreurs, voire les fraudes. A la prairie, dans leurs stalles, les bêtes sont placées surtout suivant la convenance des exposants, pour faciliter le service ; au ring de traite, au contraire, le classement du catalogue est scrupuleusement observé et les bêtes se succèdent par catégorie et par section, dans l'ordre des numéros. D'ailleurs, ceux-ci se détachent en chiffres bleus, très apparents, sur les lisses blanches en ciment armé, à la place que doit occuper chaque bête. Si un exposant présente deux animaux par race, un dans chacune des sections réservées à cette race, ces animaux se trouvent éloignés l'un de l'autre et le trayeur ne peut, conformément aux dispositions du règlement intérieur, s'occuper de la bête la plus âgée avant d'avoir fait peser le lait de la plus jeune.

On peut déjà compter, il est vrai, sur la surveillance intéressée des exposants, car ils ne manquent pas de s'assurer si leurs concurrents opèrent régulièrement ; le personnel du Concours n'en est pas moins très nombreux. Pour chaque catégorie de 25 vaches, il existe une tente affectée aux pesées et une équipe de trois employés y travaille, sous les ordres de trois commissaires. Au début de la traite, les commissaires circulent dans le ring, puis ils viennent procéder aux pesées, tandis que leurs collègues du Concours national restent autour des dernières vaches à traire. La surveillance ne peut, en effet, se relâcher, tant certains trayeurs sont sujets à caution. L'un n'a-t-il pas oublié une certaine quantité d'eau au fond du seau qu'il apporte pour recueillir le lait de ses vaches ! Simple négligence sans doute, mais qui peut avoir sa répercussion, puisque des prix spéciaux sont affectés aux vaches donnant la plus grande quantité de lait. Un autre, encore plus distrait, n'a pas songé à nettoyer son seau, car on y découvre un peu de crème !

Tandis que les opérations s'achèvent au ring de traite, l'intérêt se porte sous le hall, au laboratoire et à la laiterie. D'abord au laboratoire, où se fait la réception des brocs, apportés du ring. Les brocs sont déplombés et, à l'aide d'une sonde spéciale descendue dans le lait bien remué, un chimiste prélève un échantillon et remplit une grande éprouvette. Dans ce lait encore chaud, à 28 ou 30°, un autre plonge le thermo-densimètre de Dornic et prend à la fois la densité et la température, que notent soigneusement deux élèves de l'Ecole normale d'instituteurs qui remplissent les fonctions de secrétaires. Le lait de l'éprouvette est rejeté dans le broc d'où il a été extrait, après qu'en un petit flacon en verre de 45 centimètres cubes, dûment numéroté, a été mis de côté l'échantillon destiné au contrôle de la matière grasse et s'il y a lieu, à d'autres vérifications. Des mains des chimistes, les brocs passent alors à celles des élèves de l'Ecole ambulante de laiterie du département du Nord.

Quelques instants après le début de la traite, le moteur de la laiterie a été mis en marche et tous les appareils vérifiés et tenus prêts à fonctionner. Les huit écrémeuses sont partagées en quatre couples, dont chacun doit traiter le lait de l'une des quatre catégories des vaches concurrentes et est surveillé par une maîtresse, avec trois élèves sous ses ordres. Chaque élève a son service distinct à assurer. L'une prend au laboratoire les brocs portant les numéros de sa catégorie et 'en verse le contenu dans le bassin de réception d'une écrémeuse. Au préalable, un autre broc a été disposé au pied de l'écrémeuse pour recevoir la crème ; ce broc porte également le numéro de la vache dont le lait est écrémé, mais cette fois, le numéro est peint en rouge. Avant le commencement de l'écrémage, les cent brocs numérotés en rouge ont été classés, par ordre de catégorie, devant les centrifuges, de façon à se trouver à portée quand arrivent les brocs revêtus des numéros noirs correspondants qui renferment le lait pur. La crème de chaque lot est soigneusement recueillie dans le récipient destiné à cet usage et celui-ci enlevé après le nettoyage de l'écrémeuse. Pour assurer ce nettoyage, il ne peut être question d'arrêter l'appareil et de le démonter, mais on y verse simplement deux litres d'eau à 30°. Comme les expériences faites avant le concours de Forges l'ont démontré, il suffit de passer dans une centrifuge en pleine vitesse une quantité d'eau correspondant à la capacité de son bol pour qu'il ne reste pas trace de crème de l'opération précédente. Cette précaution prise, l'écrémage d'un nouveau lot de lait peut être commencé en toute sécurité.

De grandes bassines en fer blanc reçoivent le lait écrémé ; dès qu'elles sont pleines, ce qui a lieu après l'écrémage de quatre ou cinq lots de lait, leur contenu est vidé dans un bac situé à l'extrémité de la ligne d'écrémeuses et de là immédiatement chassé par la pompe à lait, à l'aide d'un long tuyau, dans la tonne qui sert à son transport et attend, toute attelée, en dehors du hall. Une heure s'est à peine écoulée depuis le commencement de la traite et les écrémeuses s'arrêtent les unes après les autres; leur tâche est terminée, elles sont immédiatement démontées et nettoyées sous les yeux du public.

Cependant, les manœuvres employés au ring de traite et devenus libres sont entrés à leur tour sous le hall, depuis quelque temps déjà, et, sous la direction des commissaires chargés de la laiterie, ils procèdent à des besognes diverses. Les uns prennent les brocs à lait vides et les dirigent sur les échaudoirs pour les nettoyer. D'autres s'emparent des brocs à crème et les rentrent à la salle de maturation, après pesée préalable. Dans cette salle de maturation, d'où ils ne sortiront plus avant la traite suivante et dont les commissaires seuls gardent les clefs, les brocs sont répartis, d'après la catégorie à laquelle ils appartiennent, entre les quatre bassins en ciment, à demi remplis d'eau froide. Tout est terminé pour le moment à la laiterie ; il ne reste plus qu'à faire le nettoyage, qui s'effectue à grande eau et en quelques instants à peine, grâce aux facilités de toutes sortes qu'offre l'installation.

Au laboratoire, les analyses se poursuivent plus longtemps et une activité fébrile continue à régner tandis que le calme complet est revenu à la laiterie. La prise de densité des laits n'a été qu'un prologue ; l'analyse de la matière grasse des différents échantillons reste la besogne principale, qui absorbe de longs moments les sept chimistes. Le lait, mesuré à l'aide de pipettes, est introduit dans les butyromètres, où il est mélangé, suivant des proportions très précises, avec l'acide sulfurique à 1065° Baumé et l'alcool amylique pur qu'y déversent des burettes automatiques. Soigneusement bouchés, les butyromètres numérotés avec des chiffres gravés dans l'épaisseur du verre, sont agités énergiquement puis placés quelques instants au bain-marie. Ensuite, sous les yeux du public, très attentif à ces manipulations si nouvelles pour lui, c'est le dépôt des butyromètres dans la centrifuge spéciale du contrôleur Gerber et la mise en mouvement de cette centrifuge par l'intermédiaire d'une simple courroie de cuir. L'appareil tourne à toute vitesse pendant quelques minutes, entraînant dans ses trépidations la forte table qui le supporte. Enfin la centrifuge s'arrête ; les butyromètres en sont extraits et la matière grasse se trouve désormais nettement séparée du reste du mélange ; après un nouveau et rapide passage au bain-marie, les butyromètres sont renversés de façon à rassembler, dans une partie exactement calibrée, la colonne de matière grasse, dont la coloration jaune tranche nettement sur la masse rougeâtre du résidu, et il suffit d'une simple lecture pour trouver le nombre de grammes de matière grasse par litre que renferme le lait sur lequel a été prélevé l'échantillon analysé.

A leur tour, deux heures environ après le début de la traite, les contrôleurs centrifuges sont définitivement arrêtés, le travail du laboratoire est terminé, lui aussi, jusqu'à la prochaine traite. Avec tous les lots de lait pur, sans exception, les chimistes ont également analysé quelques échantillons de lait écrémé prélevés au cours de l'écrémage.

A Forges, en 1906, les échantillons de lait écrémé étaient contrôlés au Gerber comme les lots de lait pur, afin d'éviter toute contestation possible au sujet de l'écrémage, car les deux écrémeuses étaient actionnées à bras et pouvaient tourner à des vitesses quelque peu différentes ; du reste, le compte rendu du Concours de Forges a donné la preuve, par la publication des résultats de l'analyse des laits écrémés, de la perfection absolue de l'écrémage. A Rouen, avec des écrémeuses mues mécaniquement, dans des conditions aussi identiques que possible, la critique n'est plus permise et l'analyse de tous les lots de lait écrémé devient parfaitement superflue. Il eût été d'ailleurs matériellement impossible de mener à bien cette besogne, malgré tout le développement donné au laboratoire, malgré le nombre, l'activité et le dévouement des chimistes. Le contrôle de cent et quelques échantillons de lait, répété trois fois par jour, constitue déjà un travail considérable et qui fait le plus grand honneur aux habiles chimistes qui ont bien voulu accorder leur précieux concours à la Société centrale d'Agriculture de la Seine-Inférieure.

— 49 —

*
* *

Fidèle à son principe de rester toujours à la portée des visiteurs, de les intéresser le plus possible, comme aussi de permettre à tous les concurrents de suivre la marche des opérations, la Société centrale d'agriculture de la Seine-Inférieure a tenu à faire connaître de suite les résultats de chaque traite. Un tableau est réservé à cet effet, tableau de dimensions respectables, puisqu'il mesure huit mètres de long sur deux de haut, mais qui ne détonne pas cependant sous le très vaste hall de la laiterie. L'installation de ce tableau, fait de toile ardoisée tendue sur un cadre très rigide, a nécessité des soins spéciaux, et il ne faut pas moins de quatre hommes pour le manœuvrer, chaque fois qu'il s'agit de le descendre au niveau du sol pour y inscrire de nouveaux résultats.

On y voit les numéros des cent bêtes concurrentes, classées par catégories et par races; en regard de chacun d'eux, de petits cadres sont ménagés, qui reçoivent pour les six traites du vendredi et du samedi, les chiffres indiquant les poids en grammes du lait recueilli, ainsi que le nombre de grammes de matière grasse par litre de lait qu'accuse le contrôleur Gerber. Sous la dictée d'un Commissaire, moins de deux heures après chaque traite, un peintre a tôt fait de tracer, à l'aide de craie liquide mélangée de colle, les chiffres impatiemment attendus. Le travail terminé, le tableau est remonté à sa place habituelle, et chacun peut embrasser d'un coup d'œil tous les résultats et faire les comparaisons utiles. Nombre de concurrents se livrent alors à de patients pointages et calculent les quantités de matière grasse trouvées dans le lait de leurs bêtes, et, par suite, les quantités de beurre qu'ils peuvent en attendre.

Et pourtant ces milliers de chiffres qui s'alignent sur ce grand tableau noir et qui, peu à peu, à mesure que se succèdent les traites, finissent par le recouvrir entièrement, ne constituent qu'une faible partie de ceux qui sont relevés dans les bureaux du secrétariat. Là, on ne contente pas de noter le poids du lait et sa richesse en matière grasse, mais on effectue encore qantité de calculs. Il faut, tout d'abord, rectifier la densité et la ramener à 15°, dès que le laboratoire a communiqué les résultats des essais au lacto-densimètre de Dornic. Ce travail se poursuit assez rapidement, grâce à l'emploi de tables soigneusement repérées d'avance, mais il n'en va plus de même pour la détermination du volume du lait, indispensable pourtant, puisque le Gerber accuse le nombre de grammes de matière grasse par litre et non par kilo de lait.

Rien de plus facile que de trouver ce volume, le poids et la densité étant connus; une simple division suffit, encore qu'il s'agisse de pousser l'opération assez loin, si l'on tient à connaître le volume en centimètres cubes correspondant au poids en grammes. Toutefois, avec la répétition de ces longues opérations, ce travail ne laisse pas de devenir fastidieux, et l'erreur difficile à éviter; aussi, pour plus de sûreté et de rapidité, on a recours à un arithmomètre. Sous la direction d'un Commissaire, entraîné depuis quelque temps au maniement de cette machine à calculer, il n'en faut pas moins plusieurs Secrétaires et encore ont-ils bien de la peine à tenir à jour et en double tous les relevés nécessaires : d'abord, les états individuels qui donnent, pour chaque bête concurrente et par traite, le poids et le volume du lait, la densité et la température de ce lait au moment de sa réception au laboratoire, sa densité rectifiée à 15°, la quantité de matière grasse par litre d'après le Gerber et aussi la production totale de matière grasse, puis tous les états récapitulatifs qui concernent ces différentes indications.

Sept fois de suite, du jeudi soir au samedi soir, la traite est renouvelée dans les mêmes conditions et, après elle, la série des opérations qu'elle entraîne à la laiterie, au laboratoire et au secrétariat. Seule, la crème de la traite du jeudi soir, épreuve préparatoire, comme on l'a vu, n'a pas été recueillie dans les brocs spéciaux portant en chiffres rouges les numéros des vaches ; on l'a mise mise de côté pour les démonstrations de l'Ecole ambulante de laiterie. Mais quant aux traites du vendredi et du samedi, leur produit entre en ligne de compte pour le classement et toutes leurs opérations sont suivies de façon aussi minutieuse que possible. D'ailleurs, dès le vendredi matin, chacun est familiarisé avec son service, tout se passe avec une régularité parfaite, aucun flottement n'est observé dans le personnel, pas même parmi les douze manœuvres occupés à la réception et au transport du lait, ainsi qu'aux gros travaux de la laiterie.

Profitant de la latitude laissée par le règlement intérieur du Concours, les organisateurs ont apporté une petite modification à l'horaire des traites, du moins pour l'après midi. Tandis que les traites du matin et du midi ont lieu respectivement à cinq heures et à onze heures, comme il était prévu, celle du soir se trouve avancée d'une heure et portée à cinq heures. Cette modification a paru indispensable, tant pour ne pas retenir le personnel trop tard que pour permettre au public, obligé de quitter le Concours à sept heures du soir, de suivre jusqu'au bout les opérations de cette troisième traite.

Il n'en pouvait résulter aucun inconvénient, qu'une certaine complication dans le calcul de la production moyenne par jour. En effet, le lait et la crème obtenus au cours de la journée du vendredi, ne représentent plus que la production de 23 heures, pas même en réalité, puisque la traite préparatoire du jeudi soir n'a pu guère commencer avant six heures et demie. Pour obtenir la production exacte par 24 heures, il convient donc de faire une petite correction et de prendre les vingt-quatre quarante-septièmes et non la moitié de la production totale du vendredi et du samedi. Ce n'est qu'un petit travail supplémentaire pour les secrétaires.

Malgré les précautions prises, les épreuves n'ont pu être étendues aux 100 vaches prévues par le programme. Plus de 125 inscriptions sont bien parvenues aux bureaux de la Société, mais, déjà, dans la quinzaine qui a précédé le Concours, plusieurs désistements ont eu lieu, occasionnés par des indispositions ou des accidents. A ce moment, il a été possible d'effectuer les remplacements nécessaires et de combler les vides, si bien que, la veille de l'ouverture du concours, il était encore permis de compter sur cent bêtes. Malheureusement, en dépit des nombreux avis donnés à ce sujet, certains exposants n'ont présenté qu'une bête, après en avoir fait inscrire deux, et ont donné avis de ce désistement partiel seulement au moment de leur arrivée au concours, c'est-à-dire lorsqu'il était trop tard pour y remédier. En outre, au concours même, surtout à cause de la fâcheuse habitude prise par les exposants de ne point traire les vaches vingt-quatre heures au moins avant le passage du jury du Concours national, quelques bêtes se sont trouvées indisposées. Atteintes le plus souvent de mammite, elles n'ont pu être présentées à la traite préparatoire du jeudi soir, ou bien, malades au cours des épreuves, il a été nécessaire de les retirer avant le samedi soir. C'est ainsi que 89 vaches seulement ont participé jusqu'au bout aux essais et ont été comprises dans le classement ; elles se partagent en 42 normandes, 22 flamandes, 6 hollandaises, 3 durhams, 1 mancelle, 11 jersiaises et 4 bretonnes.

Déjà très compliquées pendant les trois premiers jours, du jeudi au samedi, les opérations du concours présentent leur maximum d'intérêt et d'activité au cours de la matinée du dimanche. Cette fois, il s'agit de fabriquer le beurre et de classer rapidement les bêtes concurrentes. Dès le samedi soir, les commissaires de la laiterie prennent leurs dispositions pour assurer une fermentation suffisante de la crème ; l'eau des bassins de la salle de maturation, maintenue froide jusqu'à l'heure de la dernière traite, fait place à de l'eau un peu chaude, en vue de hâter l'acidification de la crème.

Le dimanche matin, dès cinq heures, tout le personnel du concours est rassemblé sous le hall, et chacun reçoit des instructions très précises. Les trois mécaniciens sont à leur poste, auprès du moteur à essence, de la machine à vapeur qui commande les échaudoirs et des chauffe-eau, tandis que les ingénieurs et les monteurs de la maison Garin vérifient une dernière fois les transmissions de leurs appareils. Des tables en verre épais sont disposées pour la mise en mottes et la pesée du beurre ; des charpentiers et des tapissiers terminent la grande étagère, longue de près de sept mètres, aux quatre gradins recouverts d'un calicot de blancheur immaculée, qui est montée face au Rond-Point, sous le grand tableau tout bariolé de ses milliers de chiffres, et qui doit servir à l'exposition du beurre. Devant les barattes, dont trois restent inutilisées par suite de la réduction à 89 des lots de crème à traiter, voici neuf des élèves de l'Ecole ambulante de laiterie, avec deux de leurs maîtresses, les deux directeurs des Laiteries d'Auffay et de Cailly et deux commissaires ; chacune de ces quinze personnes est chargée de la conduite de deux barattes. Un peu plus loin, devant les malaxeurs et les tables à mouler le beurre, se tiennent les autres élèves et maîtresses de l'Ecole de laiterie du Nord, tandis que deux commissaires se chargent des pesées du beurre et qu'enfin, les douze hommes de service, sous la direction de trois commissaires, sont postés auprès de bacs remplis d'eau chaude et froide, prêts à assurer les gros travaux, le nettoyage et l'échaudage des barattes, puis le transport des brocs. Il y a là, en y comprenant les chimistes, plus de soixante personnes.

A six heures, les dernières dispositions sont prises, les 89 brocs à crème sortis de la salle de maturation et répartis auprès des 30 barattes, les échantillons de crème destinés au dosage de l'acidité prélevés par les soins des chimistes. Au signal donné par le président de la société, les 30 barattes reçoivent chacune leur premier lot de crème et tournent avec une régularité parfaite. Vingt minutes après, le beurre commence à prendre et certaines barattes sont arrêtées ; après un lavage minutieux, le beurre est recueilli sur des tamis métalliques et porté aux malaxeurs, puis de là aux tables en verre où, sous les spatules maniées par les mains expertes des maîtresses de l'Ecole ambulante du Nord, chaque lot prend vite la forme d'un petit pain quadrangulaire.

Toutes les précautions sont prises pour éviter les erreurs. Non seulement les lots de crème ont été répartis entre les barattes suivant un ordre déterminé, mais des numéros en carton ne les quittent pas de la baratte à l'étagère d'exposition. Fixé d'abord sur un côté de la baratte, le numéro accompagne le beurre dans le tamis qui le porte au malaxeur, puis à la table à mouler et à la balance ; après la pesée, ce numéro en carton est remplacé par une plaque émaillée, exactement semblable à celle attachée à la tête des vaches concurrentes, et qui est placée sur un support en fil de fer qu'on enfonce dans la motte. Tour à tour, à partir de six heures et demie, les mottes de beurre sont déposées sur l'étagère d'exposition, dans l'ordre des numéros, sur une feuille de papier où les poids sont indiqués de façon bien apparente. Cette exhibition retient l'intérêt des nombreux spectateurs qui se pressent contre la barrière en ciment armé, sur le grand côté du Hall, face au Rond-Point. Non seulement les mottes diffèrent beaucoup de grosseur, leur poids allant de 500 grammes à peine à près de 3 kilos, mais la couleur même varie étrangement ; les unes sont d'un jaune vif, surtout dans les catégories des vaches normandes et jersiaises, alors que d'autres, qui proviennent de flamandes et de hollandaises, restent absolument décolorées.

Avant dix heures, tous les lots de crème ont été successivement barattés ; les 89 mottes de beurre qui en proviennent sont alignées sur l'étagère et les chimistes prélèvent les petits échantillons qui vont leur servir à vérifier l'homogénéité des différents beurres.

Cependant, si le travail est terminé à la laiterie, il reste encore bien des choses à mettre au point dans les autres parties du concours. Tandis que les chimistes commencent leurs dernières analyses, le jury de dégustation des beurres poursuit ses opérations de façon méthodique et note soigneusement la qualité et la couleur de chaque motte. Au ring de traite, les commissaires ne sont pas moins affairés ; après la pesée des vaches qui ont pris part aux épreuves, c'est le concours de traite auquel se sont fait inscrire la plupart des employés des exposants. De même, au secrétariat, le travail est plus acharné que jamais, car il faut prendre note de toutes les décisions des

Quelques minutes avant la traite.

La fin d'une traite.

jurys, classer les bêtes concurrentes d'après les poids de leurs mottes de beurre, et aussi, en vue de l'attribution des prix spéciaux, faire le calcul des rapports du beurre au lait, ainsi que des quantités de lait et de beurre par cent kilos de poids vif.

Mais, au milieu de ce coup de feu des dernières opérations, voici le Ministre de l'agriculture et le cortège qui l'accompagne dans sa visite officielle du concours national. Il s'arrête longuement au concours beurrier et témoigne un vif intérêt pour l'œuvre qu'il a patronnée dès la première heure et qui n'a pu être entreprise que grâce à l'importante subvention qu'il a bien voulu accorder. Accompagné du Président de la société, il parcourt successivement le laboratoire, la laiterie, la salle de démonstrations, le ring de traite et se fait donner force détails sur l'organisation. Commissaires, chimistes, élèves de l'École ambulante de laiterie, exposants et jusqu'aux plus modestes employés reçoivent à tour de rôle ses encouragements et ses félicitations, et ce précieux témoignage de satisfaction fait oublier à tous ces fidèles collaborateurs de la Société centrale d'agriculture de la Seine-Inférieure les fatigues des multiples opérations qui, depuis trois longs jours, se sont succédées de façon à peu près ininterrompue.

IV.

Les Résultats. — Considérations générales.

Derrière lui, le Concours beurrier de Rouen a laissé une ample moisson de documents : relevés de toutes sortes dressés par les secrétaires et permettant de suivre, traite par traite et dans ses moindres détails, la production de chaque vache ; notes de la Commission de dégustation des beurres ; renseignements fournis par les exposants eux-mêmes sur l'état de santé et l'alimentation des animaux pendant le concours, et aussi sur le régime et le rendement en lait avant le départ pour Rouen. Il y a là de quoi apprécier la régularité des essais, pour chacune des bêtes concurrentes, et il est permis d'en tirer, à l'aide d'un classement méthodique, l'enseignement de cette grande épreuve pratique.

A priori — et les adversaires de toute initiative ne se font pas faute de le proclamer, — il faut s'attendre, dans un concours de ce genre, à rencontrer bien des aléas ; à Rouen, avec la coexistence du Concours national, les conditions étaient forcément aussi mauvaises que possible et il avait fallu des avantages considérables à côté de ces inconvénients, pour décider la Société centrale d'agriculture de la Seine-Inférieure à passer outre. C'est qu'en somme, pour la plupart des exposants, le Concours beurrier restait l'accessoire, et il s'agissait avant tout de présenter les bêtes au mieux de leur condition aux jurés du Concours national, d'autant que les prix de ce dernier étaient sensiblement plus élevés. Et n'y a-t-il pas lieu de rappeler ces errements déplorables, regrettés de tous, mais soigneusement suivis, comme cette habitude de « forcer de lait », c'est-à-dire de ne point traire les vaches vingt-quatre heures au moins avant le passage du jury, afin d'avoir des mamelles superbes, aussi distendues que possible ? Excellente pratique, en vérité, pour indisposer les vaches, leur occasionner des mammites et les couper de lait, en tout cas pour faire baisser momentanément leur production. Et plus des deux tiers des vaches concurrentes se sont trouvées dans ces conditions.

Du reste, il faut compter avec d'autres inconvénients. La fatigue d'un long voyage, le manque de tranquillité et le changement de régime ne restent pas sans influence sur la lactation. Le brusque changement de régime est encore ce qui est le plus à craindre, et, de ce côté malheureusement, nombre d'exposants n'ont pas pris toutes les précautions désirables. Cependant, le Président de la Société centrale d'agriculture de la Seine-Inférieure n'a pas manqué d'appeler sur ce point l'attention des intéressés ; pour éviter des mécomptes, une quinzaine de jours avant l'ouverture du Concours, il leur a signalé l'utilité de préparer les animaux, pendant une huitaine au moins, au régime alimentaire de la période de concours et les a même invités à apporter les fourrages consommés habituellement. Précaution restée à peu près inutile ! Sans doute, très sagement, quelques éleveurs ont suivi le conseil et habitué progressivement leurs vaches laitières au régime de la stabulation : pour ceux-là, aucun mécompte, les bêtes sont restées en parfaite santé et si leur production lactée a baissé quelque peu. ce n'est que dans une faible proportion, de 5 à 10 0 0 tout au plus. Mais que d'exposants ont trouvé plus simple de laisser leurs bêtes en liberté dans un herbage jusqu'au moment du départ pour Rouen ! Avec ce brusque changement de régime, les surprises désagréables ne font pas défaut et, pour certaines vaches indisposées, la production tombe parfois d'une bonne moitié. Fait digne de remarque, ce ne sont pas les bêtes venues des régions très éloignées qui se montrent le plus dépaysées et souffrent le plus, mais bien celles qu'on n'a pas assez soignées et qui ont été le plus brusquement changées de régime.

Dépouille-t-on les feuilles de renseignements remplies par les exposants, on s'aperçoit que, sur les 29 flamandes ou hollandaises, 16 sont demeurées en excellent état pendant toute la durée du concours et 6 n'auraient été qu'un peu fatiguées par le voyage ou les épreuves du Concours national. Pour les 7 autres, il semble que leur production tout au moins n'ait guère souffert des indispositions signalées, puisque deux d'entre elles arrivent en tête de leur section, l'une avec le premier prix, l'autre avec le quatrième, tandis que la troisième enlève le prix spécial de sa catégorie pour la plus forte production de lait. Dans la 4e catégorie, les constatations sont de même ordre : quelques vaches jersiaises seulement montrent un certain état de nervosité et de fatigue, le tout accompagné d'un manque d'appétit, d'où une assez forte diminution sur les rendements ordinaires.

Mais, parmi les vaches normandes des deux premières catégories, s'il s'en trouve encore qui n'ont pas ou peu souffert du changement, que d'accidents signalés ! En sus de celles qui n'ont montré aucun appétit, soit par suite de fatigue, soit pour toute autre cause, on n'a pas compté moins de sept bêtes tombées nettement malades, et toutes à la suite d'indigestion. Enlevées d'excellents herbages pour être transportées à Rouen et mises brusquement au régime du sec, et le plus souvent trop gorgées d'aliments par des employés maladroits, l'accident inévitable s'est produit ; parfois, la vache n'a été indisposée qu'un seul jour, et sa lactation est revenue vite à peu près normale ; d'autres fois aussi, l'indisposition a persisté pendant toute la durée du concours et la production s'en est fort ressentie. Certains exemples ne sont que trop probants.

Voici, entre autres, le n° 21, une vache de neuf ans, venue de l'arrondissement de Neufchâtel, après avoir déjà pris part au Concours de Forges, en 1906. A Forges, elle obtint le 2e prix des bêtes adultes, avec une production de 1,283 grammes de beurre par jour, et en outre le prix spécial pour la plus grande quantité de lait, avec plus de 32 kilos 1/2 de lait par jour. Cette année, cette vache se présente a nouveau dans les meilleures conditions. Vêlée le 20 mai, elle accuse, huit jours après, la veille de son départ pour Rouen, une production quotidienne de 30 litres de lait et 1,250 grammes de beurre. Malheureusement, elle est prise d'indigestion et, pendant toute la durée du Concours, reste indisposée et mange à peine. Résultat : une diminution sensible de lait et surtout de matière grasse, les pesées accusant à peine 26 kilos de lait par jour et 781 grammes de beurre. Pour d'autres bêtes malades, la diminution est encore plus forte.

Ce sont là des accidents qu'il serait sans doute facile d'éviter avec quelques précautions. Du reste, ces précautions paraissent d'autant plus indispensables que le changement est plus brusque, que les animaux quittent des herbages plus riches, car il s'est présenté ce fait bizarre que les vaches venues des plateaux du Caux et du Vexin ont beaucoup mieux supporté le déplacement que celles du pays de Bray et du Cotentin.

Il y a aussi une question de tempérament, car, à Rouen comme à Forges-les-Eaux, certaines bêtes ont été véritablement étonnantes. En dépit des fatigues du voyage, du changement de régime et du manque de tranquillité, elles n'ont pas éprouvé le moindre malaise et ont mangé de grand appétit, tant et si bien que leur production s'est accrue. Telle vache hollandaise, qui ne donnait à son étable que 24 litres de lait par jour, en deux traites, en produit à Rouen tout près de 27, avec trois traites. Telle autre, de race normande, fraîchement vêlée, il est vrai, donne 24 litres 1/2 de lait avant son départ. Elle vient à Rouen et passe une journée très dure, le jeudi, à l'occasion des opérations du jury du Concours national ; on la « force de lait » et, comme elle fait partie d'un lot d'ensemble, sa première traite de la journée ne peut avoir lieu avant trois heures de l'après-midi. Elle s'accommode parfaitement de tout cela, à tel point qu'elle donne, le vendredi et le samedi, près de 26 kilos de lait par jour, et produit plus 1,100 grammes de beurre.

Toutefois, dans l'ensemble, la production des vaches concurrentes se trouve sensiblement abaissée ; il en sera toujours ainsi dans tous les concours beurriers, avec des atténuations cependant, lorsque le régime sera modifié progressivement et quelque temps à l'avance. On obtient certainement moins de lait et moins de beurre qu'avec des bêtes qui n'ont pas quitté leur herbage ou leur étable. Le plus souvent, la dépression du rendement est double et porte à la fois sur la quantité de lait et sur la richesse de ce lait en matière grasse ; parfois aussi, le lait est livré en quantité moindre et la production de beurre reste la même ou à très peu de chose près.

Ce dernier cas a été relevé à plusieurs reprises au concours de Rouen, et cela de façon très nette au dire des propriétaires eux-mêmes. Tout d'abord, pour une vache du pays de Bray, qui en pleine herbe, dans une pâture de première qualité, donnait plus de 30 litres de lait par jour et près de 3 livres de beurre. Changée brusquement de nourriture, elle produit à Rouen moins de 23 litres de lait par jour, mais le poids du beurre qu'on obtient reste au-dessus de 1.100 grammes ; retournée dans son herbage et complètement remise du voyage, sa production journalière de lait remonte à 30 litres, sans que la quantité de beurre varie. Une seconde vache, de race différente, donne également 30 litres de lait avant son départ pour Rouen, et au concours devient fiévreuse et sans appétit pendant les deux jours de traite ; sa production de lait tombe à moins de 21 litres, mais le Gerber accuse une proportion exceptionnelle de matière grasse dans ce lait, et le poids du beurre s'élève à près de 1.300 grammes par jour. Pour cette bête encore, bien que le propriétaire se soit contenté de mesurer le lait à sa ferme, sans le faire analyser ou écrémer à part, il est fort probable que la production du beurre n'a guère baissé. Ainsi, pour certaines vaches tout au moins, le rendement en lait diminuerait notablement, d'un grand tiers dans les exemples ci-dessus, alors que la sécrétion de la matière grasse resterait aussi abondante, et par conséquent la richesse du lait en matière grasse s'élèverait d'autant plus que la production quantitative du lait irait en diminuant. C'est là un fait curieux, facile d'ailleurs à vérifier par l'expérience.

Ces cas exceptionnels mis de côté, il n'en reste pas moins acquis que les rendements maxima et surtout moyens, dans les concours beurriers, tombent au-dessous de ce qu'ils sont dans les conditions ordinaires. Encore, pour établir les productions moyennes du concours de Rouen, importe-t-il de ne pas oublier les corrections qui s'imposent. Ainsi, pour calculer le rendement moyen par vingt-quatre heures, il convient de rappeler que les six traites du vendredi et du samedi représentent seulement une production de quarante-sept heures. Pour le lait, c'est bien la seule correction indiquée, sa pesée ayant été effectuée au champ même du concours, mais pour le beurre, il n'en va plus de même. En effet, lors de la réception à la laiterie, les chimistes ont prélevé des échantillons de lait, et ces prélèvements ont été, pour chaque animal, de 45 centimètres cubes de lait par traite, soit de 270 centimètres cubes pour les deux journées du vendredi et du samedi. De même, le dimanche matin, avant le barattage, il a été pris, sur chaque lot de crème, un échantillon de 45 centimètres cubes destiné au dosage de l'acidité, soit encore une quantité appréciable de matière grasse qui n'est pas passée par la baratte. Sans tenir compte du lait répandu ou laissé dans les brocs, en dépit des précautions prises, on arrive à trouver une perte moyenne de 20 grammes de beurre, par bête et par jour, du seul fait du prélèvement des échantillons de lait et de crème nécessaires pour l'analyse. Il faut donc majorer de 20 grammes les vingt-quatre quarante-septièmes de chaque motte de beurre pour avoir la production réelle de beurre par vingt-quatre heures.

Ces corrections faites, et les relevés généraux établis pour chacune des 89 vaches concurrentes et aussi par catégorie, par section et par race, des constatations intéressantes découlent de l'examen des moyennes générales.

C'est ainsi qu'on a de suite la confirmation de faits connus, qu'on perçoit de gros écarts entre la production des jeunes bêtes et celle des bêtes adultes. La différence est même plus sensible qu'on ne l'admet communément. Les 89 vaches qui ont participé aux épreuves du concours de Rouen comprennent 32 jeunes bêtes, n'ayant pas encore toutes leur dents de remplacement, et 57 bêtes adultes. La production par tête et par jour des premières, du poids vif moyen de 498 kilos, se chiffre par 14 kilos 640 de lait et 612 grammes de beurre. Le kilo de beurre est obtenu avec 23 kilos 921 de lait. Pour les 57 bêtes adultes, dont le poids vif moyen s'élève à 582 kilos, la production par tête et par jour est de 19 kilos 019 de lait et 825 grammes de beurre, d'où un rapport du beurre au lait de 1 à 23,053. A Rouen, tout comme à Forges en 1906, la production moyenne des jeunes bêtes représente donc à peine les trois quarts de celle des bêtes adultes.

Les éleveurs anglais le savent si bien que, dans leurs concours beurriers, ils profitent de ce que le programme ne prévoit aucune limite d'âge pour présenter exclusivement des bêtes adultes. Au récent « Royal Show », tenu fin juin, à Lincoln, sur les 36 bêtes qui ont participé au concours beurrier, 23 étaient nées en 1900 ou antérieurement, et deux seulement, les plus jeunes, au début de 1903. Cet exemple n'est point, du reste, pour faire oublier l'intérêt que présentent les sections des jeunes bêtes, et bien des raisons militent en faveur de leur maintien.

Mais, pour mieux apprécier les aptitudes laitières, pour avoir des moyennes plus exactes, il convient sans doute de borner son examen aux bêtes primées, ce qui présente l'avantage d'éliminer toutes les bêtes médiocres ou indisposées pour une cause quelconque pendant la durée du concours. De la sorte, on conserve encore 50 animaux, nombre suffisant, sur les 89 ayant pris part aux épreuves laitières de Rouen. De suite, les moyennes augmentent sensiblement. Pour les 17 bêtes qui restent dans les premières sections, le rendement par vingt-quatre heures est de 16 kilos 659 de lait et de 724 grammes de beurre; pour les 33 bêtes adultes des secondes sections, cette production moyenne s'élève à 20 kilos 468 de lait et à 953 grammes de beurre, avec un rapport de beurre au lait de 1 à 21,479. Ce sont là des rendements qui ne

5

permettraient guère de se douter des conditions défavorables dans lesquelles se sont trouvées les vaches du Concours beurrier de Rouen, car ils témoignent d'aptitudes laitières et beurrières qui sortent déjà beaucoup de l'ordinaire.

V.

Quelques points de comparaison.

Les chiffres ne prennent toute leur valeur, ne parlent suffisamment à l'esprit, que lorsqu'on dispose de termes de comparaison. Aussi, pour apprécier les rendements obtenus dans les premiers concours beurriers de France, on ne saurait mieux faire que de traverser la Manche et de rechercher les résultats des concours spéciaux similaires organisés par la puissante Société royale d'agriculture d'Angleterre, ou encore de ceux qui ont lieu, un peu plus près de nous, dans la charmante île de Jersey. Cette étude ne peut être qu'intéressante à tous égards.

A Jersey, les essais sont limités à la seule race indigène, à la fameuse race jersiaise dont l'élevage fait la fortune de l'île. Chacune des « paroisses » ou communes de Jersey organise, au début du printemps, une sorte d'épreuve préliminaire entre les meilleures vaches de ses étables, et seuls les animaux primés dans ces concours du premier degré peuvent affronter le « Butter Test » de la capitale. On sait que le concours beurrier de Saint-Hélier, qui a toujours lieu vers le 15 mai, ne dure qu'une seule journée. Pas d'analyse chimique, le lait est simplement pesé et soigneusement écrémé à part, puis le beurre fabriqué, toujours à part, pour chacune des bêtes concurrentes.

S'en tient-on aux moyennes générales, l'on constate que le rendement en beurre oscille aux environs de 800 grammes par tête. En 1905, les 84 vaches qui prennent part aux épreuves de Saint-Hélier donnent une production moyenne d'une livre 12 onces 3,4 de beurre, soit 815 grammes. En 1906, le rendement moyen en beurre des 70 bêtes concurrentes reste encore de 815 grammes ; enfin, le concours de 1907, avec 71 vaches, accuse une production moyenne par tête de 794 grammes de beurre. Les moyennes qui concernent seulement les animaux primés sont naturellement un peu plus élevées ; pour les 53 lauréats, elles s'élèvent à 915 grammes en 1905, à 865 grammes l'année suivante.

On relève d'assez gros écarts entre les rendements individuels. Au concours de 1905, le maximum est de 2 livres 15 onces, soit 1.333 grammes, et 17 vaches dépassent le kilo de beurre. En 1906, le record s'élève beaucoup, car il atteint 1.514 grammes, mais le poids le plus élevé ensuite descend à 1.360 grammes et 8 vaches seulement donnent plus d'un kilo de beurre dans la journée. Avec 1907, le maximum s'abaisse à 1.276 grammes et le palmarès n'indique que 6 bêtes donnant plus de 2 livres 3 onces 3,4, soit le kilo de beurre.

Bien souvent, on a signalé des richesses extraordinaires en matière grasse, pour le lait des jersiaises, et des rapports du beurre au lait très étroits. En fait, il est bien établi que la vache jersiaise livre le lait le plus riche en matière grasse, mais il faut se garder de toute exagération. Aux trois derniers concours de Jersey, le kilo de beurre a été obtenu avec 18 kil. 61, 17 kil. 39 et 17 kil. 70 de lait, pour l'ensemble des bêtes qui ont pris part aux épreuves; les rapports se sont abaissés à 17,19 en 1905, et à 16,45 en 1906, pour les 53 vaches primées. En étudiant le rapport du beurre au lait pour chaque animal, on relève des variations très sensibles, même lorsqu'on s'en tient aux vaches primées, les seules pour lesquelles le *Live Stock Journal* indique des résultats complets. Ainsi, en 1905, le rapport le plus étroit est de 1 à 12,27, précisément pour la vache qui donne la plus forte quantité de beurre, mais il y a aussi des rapports beaucoup moins bons, puisque 9 bêtes primées donnent la livre de beurre avec plus de vingt livres de lait; pour l'une d'elles, il faut même 24 livres 93 de lait. Au concours de 1906, le meilleur rapport est de 11,86, moins de 12 kilos de lait pour le kilo de beurre; en 1907, le plus étroit remonte à 14,16.

Les concours beurriers du Royal Show donnent des indications encore plus précieuses, car toutes les races laitières de l'Angleterre s'y trouvent représentées; les comptes rendus y sont d'ailleurs plus complets, notamment en ce qui concerne le poids des animaux. Ce dernier renseignement est de rigueur, car s'il n'existe aucun classement d'après l'âge ou la race, par contre les bêtes concurrentes sont réparties en deux sections, suivant qu'elles pèsent plus ou moins de 900 livres anglaises, soit environ 409 kilos. A part cette distinction de poids, le classement est effectué dans les mêmes conditions qu'à Jersey, c'est-à-dire d'après le rendement en beurre et aussi d'après la durée de la lactation, à raison d'un point par once de beurre et d'un point par chaque dizaine de jours depuis le vêlage, déduction faite des 40 premiers jours.

Au Royal Show de 1905, à Park-Royal, dans la banlieue de Londres, les trois premiers prix de chacune des deux sections sont enlevés par des jersiaises. Dans la première section, c'est une jersiaise de 1.120 livres, environ 508 kilos, qui donne le maximum de beurre, avec 1.265 grammes. Le meilleur rapport du beurre au lait, le sien, est de 1 à 15, tandis que le plus mauvais, celui d'une South Devon, s'élargit jusqu'à 62.

En 1906, au Royal Show de Derby, une Shorthorn ou Durham, de 8 ans, du poids vif de 568 kilos, enlève le premier prix de la 1re catégorie avec une production de 31 kil. 900 de lait dans la journée, et de 1,474 grammes de beurre; le second prix revient à une jersiaise de 10 ans et de 458 kil., qui donne 1,176 gr. de beurre. Dans la seconde catégorie, une autre jersiaise, de 380 kil. seulement, obtient le premier prix avec 1,150 gr. de beurre et 16 kil. 550 de lait, c'est-à-dire un rapport de 1 kilo de beurre pour 14 kil. 33 de lait, le meilleur du concours.

Fin juin dernier, au Royal Show de Lincoln, le concours beurrier a réuni 25 vaches dans la 1re catégorie, réservée aux animaux de plus de 900 livres, et 11 seulement, toutes jersiaises, dans la catégorie des poids légers. Les 25 premières vaches se répartissaient en 4 jersiaises, 4 guernesey, 8 lincoln red, 2 south devon, 4 shorthorn, 1 red poll, 1 longhorn et 1 bête croisée. C'est une jersiaise de 8 ans, de 413 kil., qui accuse la plus forte production de beurre, 2 livres 7 onces, soit 1,105 grammes, avec un rapport de 1 de beurre pour 16,87 de lait, le plus étroit de tous ceux contatés à Lincoln. Trois autres vaches seulement de la catégorie donnent plus du kilo de beurre dans la journée ; d'abord, une lincoln red, avec 1,070 grammes, puis une shorthorn, avec 1,056 grammes, et une seconde lincoln red, avec 1,041 grammes.

Dans la seconde catégorie, deux bêtes donnent plus du kilo de beurre, l'une 1.056 grammes, la seconde 1,014 grammes. Le rendement des 25 bêtes de la 1re catégorie, du poids moyen vif de 575 kilos, a été de 827 grammes de beurre ; quant aux rapports du beurre au lait, ils oscillent de 16,89, avec la jersiaise du 1er prix, à 36,42 avec une shorthorn. Dans la 2e catégorie, le poids vif moyen est de 371 kilos et le rendement en beurre de 799 grammes par tête, avec des rapports du lait au beurre variant de 16,99 à 30,43, ce dernier exceptionnellement mauvais pour une jersiaise.

D'autres indications sur les aptitudes laitières des races bovines anglaises peuvent être tirées du Royal Show de Lincoln. En effet, en dehors de son Concours beurrier, la Société royale d'agriculture d'Angleterre organise des épreuves pratiques spéciales pour chaque race laitière. Le lait est pesé et sa richesse en matière grasse déterminée par l'analyse, puis le classement a lieu sur les bases suivantes : un point par once de lait, quatre points par chaque centième de matière grasse et un point par dizaine de jours de lactation en sus de 40 jours.

La plus forte production de lait a été de 63 livres 12 onces, soit 28 kil. 918, pour une lincoln red, ensuite de 28 kil. 465, pour une shorthorn. Cette dernière race est fort bien représentée ; sur 9 bêtes prenant part à son concours spécial, il n'y en pas moins de 5 qui donnent plus de 25 kil. de lait par jour, ce qui confirme nettement les aptitudes laitières de certaines familles au moins de la race durham. Par contre, leur lait n'est pas très riche en matière grasse ; l'analyse accuse seulement 3,92 0/0 de matière grasse pour la plus beurrière de ces 9 bêtes, et moins de 3 0/0 pour 4 d'entre elles. Dans la section des jersiaises, la richesse du lait est bien supérieure et dépasse 5 0/0 pour deux bêtes ; pourtant, l'une des trois autres, celle qui produit de beaucoup le plus de lait, 22 kil. dans la journée, n'accuse que 2,95 0/0 de matière grasse et se trouve du fait mise hors concours, le règlement n'admettant aucune récompense pour les vaches dont le lait dose moins de 3 0/0 de matière grasse. Quant aux autres races laitières, rien de particulier à mentionner, si ce n'est que la guernesey semble donner un lait dont la richesse se rapproche beaucoup de celui de la jersiaise.

De tous ces chiffres, il ressort que les productions quotidiennes de beurre supérieures à un kilo ne sont pas très nombreuses en Angleterre et à Jersey, et que celles qui approchent ou dépassent 1,500 grammes sont tout à fait

Nᵒ 3. *Opulente,*

as 11 mois. (H. B. L., nᵒ 8893,
44 kil.   vol. 21).

A MM. LAVOINNE
à Boudeville (Seine-Inf.).

DUCTION PAR 24 HEURES :
681 grammes de beurre.
16 kil. 902 de lait.

Prix de la 1ʳᵉ Catég. (1ʳᵉ Sect.)

Nᵒ 18. *Petite Éléphante,*

5 ans.   (H. B. N., nᵒ 7954,
728 kil.   vol. 19).

A M. CARREY-PRÉVOST
à Etainhus (S.-Inf.).

PRODUCTION PAR 24 HEURES :
1319 grammes de beurre.
24 kil. 944 de lait.

2ᵉ Prix de la 1ʳᵉ Catég. (2ᵉ Sect.)

Nᵒ 48. *Fleurette,*

ans.
3 kil.

A M. G. POTIQUET
à Ecouis (Eure).

RODUCTION PAR 24 HEURES :
1276 grammes de beurre.
22 kil. 416 de lait.

ᵉʳ Prix de la 2ᵉ Catég. (2ᵉ Sect.)

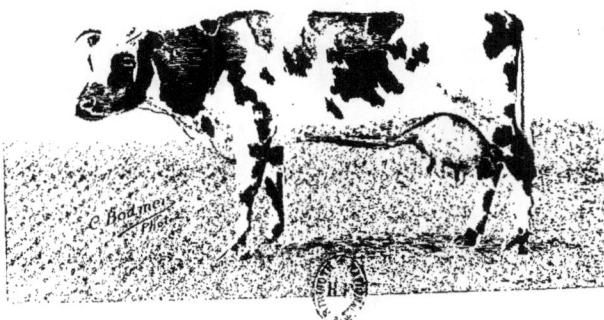

exceptionnelles et ne sont pas constatées à chaque concours. Cependant, il s'agit de bêtes d'âge, de 6 à 7 ans au moins, le plus souvent, et, par conséquent jamais de vaches à leur premier veau. Il ne faut pas oublier, non plus, que le poids vif des jersiaises est sensiblement plus élevé en Angleterre et à Jersey qu'en France ; les bêtes de 400 à 500 kilos ne sont pas rares, parfois même elles dépassent 500 kilos, témoin cette jersiaise qui enleva le premier prix au Royal Show de 1905.

La comparaison des résultats des Concours beurriers de ces trois dernières années, au Royal Show et à Saint-Hélier, fait ressortir également les grandes variations qui se présentent dans les rapports du beurre au lait, pour toutes les races, aussi bien chez la jersiaise que chez la shorthorn, et d'année en année, d'un concours à l'autre. Il est clair que la richesse du lait en matière grasse s'allie difficilement avec les fortes quantités. Une excellente beurrière se trouve-t-elle placée dans des conditions très favorables à sa sécrétion lactée, sa mamelle ne peut sécréter une quantité beaucoup plus considérable de matière grasse et, par suite, la richesse de son lait diminue.

N'est-ce point là un peu le cas du Concours de Forges, où les 11 bêtes primées de la seconde catégorie ont livré le magnifique rendement moyen de 1,128 grammes de beurre par tête et par jour, avec 26 kil. 55 de lait, c'est-à-dire avec le rapport très ordinaire de 1 kilo de beurre pour 23 kil. 5 de lait ? Cette année, à Rouen, avec une alimentation sèche en place d'un pâturage excellent, la production laitière diminue pour les 16 normandes adultes primées dans les deux premières catégories, mais le rapport du beurre au lait est sensiblement meilleur et, somme toute, la production moyenne du beurre reste à peu près aussi élevée, avec tout près de 1,100 grammes par jour. Rapprochés de ceux des Concours anglais, ces chiffres sont très éloquents et font valoir les remarquables aptitudes beurrières de la race normande.

VI.

Les Races concurrentes

Au centre de son aire géographique, la race normande ne pouvait manquer d'occuper une place prépondérante au concours beurrier de Rouen ; il eût été même loisible à la Société centrale d'agriculture de la Seine-Inférieure de borner ses essais aux seuls animaux de cette race, sans être en peine de réunir un nombre suffisant d'inscriptions. Mais les facultés laitières et beurrières de la race normande, déjà mises en vedette au concours de Forges, sont trop brillantes pour avoir à craindre la comparaison, et la race n'a qu'à gagner à entrer en lutte avec les meilleures de ses rivales pour mieux faire montre de sa valeur. Dans cet ordre d'idées, le concours de Rouen ne lui aura pas été défavorable, loin de là, et elle ne peut que rechercher hardiment de nouvelles occasions de se mesurer.

La division en deux catégories des animaux de race normande, suivant la provenance, ne reposait, est-il besoin de le dire, sur aucune raison de fait, et avait tout simplement pour objet de faciliter la surveillance des opérations et de réserver aux éleveurs de la Seine-Inférieure un nombre raisonnable de places. Entre les animaux des deux catégories, aucune différence de type ou de qualité ; d'ailleurs, nombre des meilleures vaches de la Seine-Inférieure proviennent de Basse-Normandie et le programme spécifie nettement que l'inscription des animaux dans l'une ou l'autre des deux premières catégories du concours, dépend exclusivement du fait d'être ou non présentés par des agriculteurs habitant la Seine-Inférieure. Les résultats eux-mêmes sont là pour prouver qu'il n'existe aucune différence de qualité entre les vaches normandes des diverses provenances ; on ne relève qu'un écart de 4 grammes entre le rendement moyen par jour des bêtes adultes primées des deux catégories, 1,094 grammes dans la première, 1,090 grammes dans la seconde, et, sur dix vaches ayant donné plus d'un kilo de beurre par jour, on en trouve cinq dans chaque catégorie. Il paraît donc plus logique, pour l'étude des rendements de la vache normande, de faire abstraction des catégories et de se préoccuper uniquement des moyennes établies sur l'ensemble des vaches du même âge.

Si la distinction de la provenance est superflue, celle de l'âge ne l'est pas du tout, car les productions des bêtes des premières sections, c'est-à-dire des bêtes qui ne sont pas encore pourvues de toutes leurs dents permanentes, ne se comparent guère à celles des vaches adultes, en plein développement de leurs facultés laitières. L'écart est plus sensible pour les normandes que pour toute autre race. Avec elles, ce n'est plus une différence du quart, 16 kil. 659 de lait contre 20 kil. 166, ou 724 grammes de beurre contre 953, moyennes générales de toutes les races présentes au Concours, mais bien 16 kil. 135 de lait et 727 grammes de beurre contre 23 kil. 380 de lait et 1,092 grammes de beurre.

Il est vrai que les normandes adultes accusent des productions tout à fait remarquables, et la moyenne de 1,092 grammes de beurre par jour est d'autant plus probante qu'elle porte sur seize bêtes. Et parmi ces seize vaches normandes, il n'y en a pas moins de dix qui ont produit plus d'un kilo de beurre par jour, alors que sur les 17 bêtes adultes primées dans les autres races, il n'en est que quatre qui franchissent ce kilo par jour. Du reste, à quelque point de vue qu'on se place, c'est dans ce lot de seize normandes qu'il faut rechercher tous les maxima du Concours, qu'il s'agisse des quantités de lait ou des quantités de beurre.

Pour le lait, en effet, c'est une normande, le n° 43 du catalogue, qui accuse la plus grosse production, avec une moyenne de 29 kil. 972, par 24 heures, et même un total de 30 kilos exactement pour les trois traites du samedi. Une autre normande, le n° 13, la suit de près avec 29 kil. 387. Recherche-t-on la production du lait par 100 kilos de poids vif, la palme revient encore aux normandes, d'abord au n° 13, qui l'emporte de loin, avec ses 29 kil. 387 pour un poids vif de 532 kilos, soit 5 kil. 523 de lait par jour et par 100 kilos de poids vif. Deux normandes viennent ensuite, précédant une hollandaise, qui donne 4 kil. 720 de lait, par 100 kilos de poids vif, puis une jersiaise avec 4 kil. 609.

En ce qui concerne la production totale du beurre, la suprématie des normandes s'affirme plus nettement encore, s'il est possible. Le record du concours est établi par une puissante normande de six ans, du poids de 739 kilos, avec le chiffre superbe de 1,465 grammes de beurre par 24 heures ; le second rang appartient encore à une normande qui produit 1,319 grammes ; bref, sur les quatorze premières places, revenant aux vaches ayant donné plus d'un kilo de beurre par jour, quatre places en tout leur échappent : la troisième, la sixième, la huitième et la douzième.

C'est seulement pour la quantité de beurre par 100 kilos de poids vif que le premier rang est ravi à la race normande. Une jersiaise l'emporte de loin, avec 270 grammes de beurre par jour et par quintal de poids vif, puis une autre vache de la même race prend la seconde place avec 222 grammes, ne précédant que d'un gramme une normande, le n° 13, bonne troisième. Du reste, les moyennes générales de la production du beurre par 100 kilos de poids vif ne sont point par trop défavorables aux normandes, quand on les compare aux jersiaises. Les 23 normandes primées, sans distinction d'âge, ont une production moyenne de 163 grammes de beurre par quintal de poids vif, alors que les huit jersiaises atteignent 177 grammes ; du reste, la proportion moyenne s'améliore en ne faisant porter les calculs que sur les seize normandes adultes, et le rendement atteint alors 176 grammes. Les autres races restent loin en arrière.

Le rapport moyen du beurre au lait est assez satisfaisant avec 21 kil. 410 de lait par kilo de beurre, pour les 16 bêtes adultes primées, et 22 kil. 833, pour les 42 normandes qui ont participé aux essais. Quelques rapports individuels sont remarquables, deux surtout, l'un de 15,080, l'autre de 15,527, ce dernier pour le n° 11 qui détient le record de la production totale de beurre avec 1,465 grammes par jour. Par contre sur 42 normandes, il en est 6, toutes non classées, dont le rapport du lait au beurre dépasse 30 ; pour l'une, il s'élève à 32,671.

Après les normandes, les flamandes constituent de beaucoup le plus bel ensemble et les 22 champions de cette race la représentent dignement. Les jeunes, surtout, bien que n'ayant pas encore trois ans pour la plupart, et par conséquent à leur premier veau, montrent déjà des aptitudes laitières remarquables. Les 5 jeunes flamandes primées accusent, en effet, une production moyenne de 20 kil. 117 de lait et 813 gr. de beurre, par vingt-quatre heures, tandis que leurs 7 compagnes de la seconde section donnent en moyenne 23 kil. 105 de lait et 1,011 grammes de beurre.

Si la haute production quantitative des flamandes est reconnue de longue date, il n'en est pas de même de la richesse en matière grasse de leur lait. Pourtant, à Rouen, leur rapport moyen du lait au beurre n'a guère différé de celui des normandes : 24 kil. 727 de lait par kilo de beurre pour l'ensemble des 22 flamandes et 22 kilos 853 seulement pour les 7 flamandes primées dans la deuxième section. A côté de rapports très mauvais pour des bêtes non primées, deux dépassant 35 et un s'élargissant jusqu'à 41 kilos 310 de lait par kilo de beurre, il s'en trouve d'excellents. Le meilleur, celui du n° 71, très bonne beurrière qui produit 1,218 grammes de beurre par jour, se rétrécit jusqu'à 17 kilos 880 de lait pour un kilo de beurre.

Mais la surprise la plus grande, au point de vue des variations individuelles de la teneur du lait en matière grasse, vient des hollandaises, tenues communément pour de grandes productrices de lait et des beurrières très médiocres. Sur les 6 bêtes de cette race présentées au concours de Rouen, 4 semblent justifier cette réputation avec des rapports de 30,5, 33,5, 38,5 et 38,8 de lait pour 1 de beurre ; les deux autres, la mère et la fille, se montrent au contraire beurrières remarquables et enlèvent les premiers prix des deux sections de la troisième catégorie, où les hollandaises concourent avec les flamandes. La vache, âgée de cinq ans et un mois, donne la superbe production de 1,278 grammes de beurre par jour, ce qui la classe la 3e des 89 vaches concurrentes ; fait plus surprenant encore, elle parvient à produire ces 1,278 grammes de beurre avec 20 kil. 987 seulement de lait. Son rapport de 16,421 de lait pour 1 de beurre est tout à fait extraordinaire ; en effet, s'il est moins bon que celui de cinq autres vaches du Concours de Rouen, trois normandes et deux jersiaises, par contre on le trouve supérieur au meilleur rapport relevé cette année au Royal Show de Lincoln, rapport de 16,87 pour la jersiaise lauréate du 1er prix. Cette hollandaise si parfaite beurrière a remporté le premier prix de sa section et le championnat des femelles de sa race au Concours national de Rouen. Sa fille, également classée première de sa section au Concours national, montre en dépit de son jeune âge — 2 ans 7 mois — des aptitudes tout aussi précieuses. A son premier veau, elle ne donne pas moins de 24 kil. 354 de lait par jour et 944 grammes de beurre. Son rapport du beurre au lait, 1 à 25.79, est moins bon que celui de sa mère, tout en restant satisfaisant pour une hollandaise.

Les éleveurs de durhams, venus en grand nombre au Concours national de Rouen, se sont presque tous abstenus de participer au Concours beurrier, bien qu'une section spéciale, richement dotée, eût été réservée à leurs animaux. Cela ne témoigne peut-être pas d'une très grande confiance dans les aptitudes laitières de leur race, aptitudes qui viennent pourtant de s'affirmer une fois de plus au Royal Show de Lincoln. Est-ce affaire de sélection et les éleveurs français ne se sont-ils donc jamais attachés, comme leurs confrères d'Angleterre, aux animaux des familles laitières de la race ?

Quoi qu'il en soit, trois vaches durhams seulement ont pris part aux essais du Concours beurrier de Rouen, dont une jeune bête de vingt-sept mois et deux vaches de six ans. Le rendement moyen s'éloigne fort de celui des normandes ou des flamandes et des hollandaises, quoique dépassant encore 500 grammes de beurre par jour ; l'une de ces trois durhams donne même

17 kilos 017 de lait et 701 grammes de beurre par jour, ce qui n'est pas le fait d'une mauvaise laitière. Mais le nombre des animaux de la race n'est vraiment pas assez élevé pour que leur production moyenne puisse avoir quelque valeur ; de même, on ne saurait tirer de conclusions sérieuses des rendements de la seule vache mancelle inscrite.

Les jolies petites jersiaises font meilleure figure et leur groupe de 11 bêtes peut déjà donner une idée des précieuses aptitudes de la race. Le rendement moyen en beurre, de 524 grammes par jour pour les 11 vaches, monte à 611 grammes pour les 6 d'entre elles qui sont primées, soit 177 grammes par 100 kilos de poids vif, puisqu'elles pèsent à peine 344 kilos en moyenne. Ce poids vif est très inférieur à celui des jersiaises de Saint-Hélier et du Royal Show, et cela explique sans doute en grande partie l'écart assez sensible que présentent les résultats de ces concours avec ceux de Rouen. Battues nettement pour les quantités de beurre, certaines jersiaises du Concours de Rouen se distinguent pourtant par la richesse de leur lait et l'étroitesse de rapport du lait au beurre. L'une d'entre elles ne fournit-elle pas 442 grammes de beurre par jour avec 4 kilos 953 seulement de lait, soit un rapport de 1 à 11,205 ? Une autre, qui enlève le premier prix de sa section et le prix spécial hors catégorie pour la plus forte production de beurre par 100 kilos de poids vif, avec 919 grammes de beurre par jour et 270 grammes de beurre par quintal de poids vif, montre également un excellent rapport de lait au beurre, 14,279 pour 1. Le rapport moyen des jersiaises adultes primées est sensiblement plus élevé — 1 de beurre avec 17,772 de lait — mais il n'en est pas moins aussi satisfaisant que ceux constatés d'ordinaire à Saint-Hélier et au Royal Show.

Avec les jersiaises concourent 4 petites bretonnes, de poids vif encore moins élevé, 285 kilos à peine. Leur rendement est naturellement plus faible, 420 grammes de beurre par tête et par jour en moyenne, quoique l'une d'elles ait réussi à se faire primer dans la section des jeunes bêtes de moins de 400 kilos avec une production de 471 grammes de beurre. Minime au premier abord, ce rendement apparaît plus satisfaisant lorsqu'on calcule sa proportion par 100 kilos de poids vif, car il égale alors exactement celui des normandes. Le rapport du lait au beurre se glisse entre celui des jersiaises et des normandes, car il est de 1 à 19,688 pour ces 4 petites bêtes.

Cette rapide étude des moyennes, puis des maxima et des minima réalisés au Concours de Rouen, confirme un fait sur lequel on ne saurait trop insister, à savoir que, dans toutes les races, il y a de bonnes, de médiocres et de mauvaises laitières. Les variations individuelles sont énormes. En fait, si l'on prend dans chaque race la vache qui a donné la plus forte quantité de beurre, on trouve que les rapports du lait au beurre sont presque aussi bons, attendu que, pour obtenir un kilo de beurre, il a fallu 14 kilos 279 du lait de la jersiaise, 15 kil 527 du lait de la normande, 16 kil. 421 du lait de la hollandaise et 17 kil. 880 du lait de la flamande. Et les rapports les plus mauvais sont respectivement de 21,542 pour une jersiaise, 32,671 pour une normande,

38,854 pour une hollandaise et 41,310 pour une flamande. Ne serait-ce point là une preuve évidente de la possibilité d'obtenir, pour chaque race, d'excellents résultats en recourant à une sélection rationnelle des aptitudes laitières et beurrières?

De ces chiffres, il découle aussi une nouvelle preuve éclatante des qualités exceptionnelles de la race normande. Sur quatre prix spéciaux ou de championnat, elle n'en a pas enlevé moins de trois. La confiance qu'a montrée la Société centrale d'agriculture de la Seine-Inférieure dans les qualités de la race bovine normande, lorsqu'elle a convié les éleveurs des différentes races laitières du Nord et du Nord-Ouest de la France aux épreuves pratiques de Rouen, n'a donc pas été trompée, et la race normande sort de ce concours avec une victoire aussi complète que possible.

VII.

Du Gerber à la Baratte.

En dépit des précautions minutieuses prises dans les Concours beurriers et du contrôle rigoureux exercé sur toutes les opérations, nombre de personnes seraient tentées de mettre en doute les résultats obtenus, tant les variations des rendements en beurre sont accusées. Le seul moyen de forcer la confiance, d'administrer une preuve irréfragable de l'exactitude des opérations, c'est de prendre des termes de comparaison, de recourir à une vérification en quelque sorte mécanique. L'analyse chimique du lait fournit ce précieux moyen de contrôle et l'appareil Gerber, qui permet de doser si rapidement et de façon suffisamment précise la teneur en matière grasse de centaines d'échantillons de lait, est tout indiqué comme instrument de vérification et aussi d'étude.

Tout d'abord, le Gerber est utilisé pour la vérification du lait et de ses dérivés, aux différentes phases de la fabrication du beurre : pendant l'écrémage, pour rechercher s'il ne reste pas des traces appréciables de matière grasse dans le lait écrémé ; au moment du délaitage du beurre, afin de constater si le barattage a été bien mené et si le babeurre ne renferme pas, lui aussi, par trop de matière grasse ; après la mise en mottes, enfin, pour s'assurer de la perfection du malaxage et de la composition normale du beurre. Ainsi, du commencement à la fin des opérations faites à la laiterie, le Gerber contrôle la régularité du travail, après avoir indiqué, de suite après la traite, avec le dosage du lait pur, la quantité de matière grasse livrée par chaque animal et par suite la quantité approximative de beurre qu'on peut en attendre. C'est en somme un double contrôle mis à la portée des visiteurs et des exposants : vérification de la fabrication du beurre par le Gerber et vérification des analyses du Gerber par le poids du beurre réellement obtenu. Avec la coïncidence des résultats accusés par deux méthodes si différentes, la discussion n'est plus possible et il faut bien admettre la parfaite régularité des épreuves.

A quel degré d'exactitude est-il permis d'arriver ? Certes, la précision absolue n'est guère possible et supposerait un ensemble de conditions exceptionnelles, mais l'écart ne saurait être considérable. Les chimistes nous ont appris à calculer les quantités de beurre qui correspondent théoriquement aux quantités de matière grasse décelées dans le lait par le Gerber. La teneur moyenne du beurre en matière grasse oscille autour de 84 0/0 et l'extraction de la matière grasse du lait est considérée comme suffisamment parfaite avec un taux de 94 0/0 ; il s'ensuit que le kilo de matière grasse doit donner environ 1,120 grammes de beurre, c'est-à-dire que le « facteur de rendement » est de 1,12.

Voyons quel a été ce facteur de rendement au Concours de Rouen. La production totale de la matière grasse, pour les 89 bêtes concurrentes, se serait élevée, d'après le Gerber, à 122 kil. 136. La pesée du beurre a donné 127 kil. 130, mais à ce chiffre il convient d'ajouter les quantités qui représentent le lait et la crème réservés pour les analyses, à raison de 20 grammes de beurre par tête et par jour, et on arrive ainsi au total de 130 kil. 687. La moyenne générale de la teneur en matière grasse étant exactement de 83,8 0/0, c'est-à-dire très voisine du taux normal de 84 0/0, il n'y a pas lieu à correction sur ce point et il ne reste qu'à déduire, par une simple division, le facteur de rendement. Il est de 1,07, c'est-à-dire légèrement inférieur à celui qu'on doit exiger d'un travail parfait dans les beurreries industrielles.

Cependant, les dosages du lait écrémé et du babeurre n'ont pas fait ressortir de pertes importantes au cours de la fabrication. On arrive donc à conclure que le déficit est imputable à des pertes de lait, insignifiantes en apparence, mais qui, par leur répétition, n'ont pas été sans présenter quelque importance : lait répandu et surtout lait ou crème ayant servi au mouillage des récipients, c'est-à-dire restés le long des parois des brocs. En supputant la multiplicité des transvasements et des opérations diverses au cours des trois journées du Concours, on se rend facilement compte que la faiblesse du facteur de rendement ne présente rien d'anormal dans le cas particulier. Du reste, il est sans doute préférable qu'il en soit ainsi et que le poids de beurre réellement obtenu reste légèrement inférieur au poids théorique déduit des chiffres du Gerber. De cette façon, malgré leur niveau très élevé, les rendements en beurre, maxima ou moyennes, se trouvent plus que légitimés, et on ne saurait arguer d'aucune erreur pour les discuter.

S'il est intéressant de constater l'accord du Gerber et de la baratte pour les moyennes générales, il ne l'est pas moins de rechercher si cet accord se trouve aussi complet pour tous les cas particuliers, pour chacun des animaux. Pour le plus grand nombre, la concordance est parfaite ou suffisante, mais on relève quatre bêtes pour lesquelles le désaccord est complet : une normande, le n° 32 ; deux flamandes, les n°s 52 et 68, et une jersiaise, le n° 96. Tandis que le Gerber accuse des productions totales de matière grasse de 1,335, 1,055, 1,235 et 1,094 grammes pour ces 4 vaches, les quantités de beurre ne sont respectivement, après rectification de 20 grammes par jour pour les échantillons, que 1,171, 754, 986 et 869 grammes, c'est-à-dire que les poids de beurre sont inférieurs aux poids de matière grasse et les facteurs de rendement bien au-dessous de l'unité.

Faut-il en conclure des pertes exceptionnelles pendant l'écrémage ou, dans la baratte, au moment du délaitage ? Les chiffres accusés par l'analyse du lait écrémé et du babeurre au Gerber ne permettent pas cette explication. Serait-ce que les échantillons de lait pur ont été mal prélevés, alors que le lot n'était plus homogène ? Si ce cas s'était présenté, l'analyse aurait du moins accusé des chiffres élevés. Or, on constate plutôt le contraire. L'une de ces quatre vaches, le n° 68, a même donné du lait franchement médiocre : le vendredi, il dose 43 gr. 5, 50 gr. et 34 gr. 5 de matière grasse par litre, pour les trois traites, et le samedi, seulement 12 gr. 5, 25 gr. 5 et 26 gr. 5.

Déjà, à Forges, au concours de 1906, alors que le lait écrémé et le babeurre avaient été soigneusement contrôlés, 2 ou 3 discordances ont été relevées entre les résultats du Gerber et les poids des mottes de beurre. Le n° 24 donne en 3 jours 74 kilos 55 de lait, correspondant à 72 litres 2, dont on obtient seulement 1.935 grammes de beurre, d'où le rapport très médiocre de 1 de beurre pour 38,23 de lait, alors que le Gerber indique une production totale de 2.312 grammes de matière grasse. Pourtant, les analyses de lait écrémé n'avaient accusé qu'une perte insignifiante à l'écrémage, des traces pour 7 écrémages et de 0 gr. 5 et 2 grammes par litre pour les 2 autres écrémages, soit une perte totale de 22 grammes ; de même le dosage du babeurre était resté normal. On pouvait donc espérer un produit en beurre de près de 2,500 grammes. Le déficit constaté de plus de 500 grammes ayant fait prévoir une irrégularité quelconque dans la fabrication, le propriétaire de l'animal fut prié de recommencer l'essai chez lui. Pendant 3 jours, le lait a été pesé, puis écrémé séparément et transformé en beurre. Les résultats vinrent confirmer ceux du concours : un peu plus de lait, 76 litres 5 pour les 3 jours, au lieu de 72 litres 2, ce qui s'explique aisément par la reprise du régime ordinaire, mais seulement 1,650 grammes de beurre, c'est-à-dire plus de 300 grammes de moins qu'à Forges et un rapport détestable de 1 de beurre à 46 et plus de lait. Les épreuves du concours avaient donc été parfaitement régulières et le Gerber seul se trouvait en défaut sans qu'une explication quelconque puisse en être fournie, les échantillons ayant été prélevés de façon aussi minutieuse pour cette bête que pour ses concurrentes.

On se retrouve en présence d'un cas semblable au concours de Rouen, pour les n°s 32, 52, 64 et 93. Très heureusement, il ne s'agit que de vaches ayant donné une production médiocre et qui, en tout état de cause, ne pouvaient prétendre à une récompense. Quant aux lauréats des premiers prix, les résultats accusés par la fabrication du beurre concordent suffisamment avec les indications du Gerber. Toutefois, la vache hollandaise n° 78, lauréat d'un premier prix de la 3e catégorie avec une production de 1,278 grammes de beurre par 24 heures et un rapport de 1 de beurre pour

RACE HOLLANDAISE et RACE FLAMANDE

N° 62. *Blanchette,*

ans 7 mois.   (Hollandaise)
642 kil.

A M. L. BOISSEAU
à Lagny-le-Sec (Oise).

PRODUCTION PAR 24 HEURES :
944 grammes de beurre.
24 kil. 354 de lait.

er Prix de la 3e Catég. (1re Sect.)

N° 69. *Grande-Brune,*

6 ans 2 mois.   (Flamande)
805 kil.

A M. GHESTEM
à Verlinghem (Nord).

PRODUCTION PAR 24 HEURES :
796 grammes de beurre.
28 kil. 591 de lait.

8e Prix de la 3e Catég. (2e Sect.)
et Prix spécial de la 3e Catég.
pour la plus forte production de
lait.

N° 78. *Marie,*

ans 1 mois.   (Hollandaise)
743 kil.

A M. L. BOISSEAU
à Lagny-le-Sec (Oise).

PRODUCTION PAR 24 HEURES :
1278 grammes de beurre.
20 kil. 987 de lait.

1er Prix de la 3e Catég. (2 Sect.)
et Prix spécial de la 3 Catég.
pour le lait le plus riche en matière grasse.

16,421 de lait, accuse au Gerber un rendement de matière grasse plus fort, toutes proportions gardées, puisqu'il monte à 1,228 grammes par jour; la haute qualité beurrière de cette vache ne s'en trouve que mieux confirmée.

La solution de pareilles discordances exigerait de patientes recherches, par exemple l'institution de nouvelles épreuves pour les bêtes qui font l'objet du désaccord, mais ces irrégularités sont exceptionnelles et, somme toute, on ne peut que se féliciter de recourir au Gerber pour le contrôle de la production du beurre. L'emploi de cet appareil constitue un précieux enseignement, car il permet de suivre, pas à pas, traite par traite, la production de chaque vache.

*
* *

Envisagées seules, les pesées du lait sont déjà très instructives. Il est à remarquer qu'on ne peut préjuger, d'après les résultats de la traite préparatoire, des facultés laitières des bêtes concurrentes, puisque les opérations du jury du concours national ont entraîné les traites antérieures à des heures très variables, au cours de la journée du jeudi. Ainsi, à cette traite préparatoire ou d'épuisement, telle bête a livré 15 k. 400 de lait, telle autre 100 grammes seulement.

A priori, on aurait pu supposer que cette dernière n'a pas été traite à fond; la comparaison des traites du matin de vendredi et de samedi montre qu'il n'en est rien et qu'il n'y a pas eu la moindre tentative de fraude. La jeune bête de moins de 3 ans, le nᵒ 3, qui donne seulement 100 grammes de lait à la traite d'épuisement du jeudi soir, produit 5 k. 990 le vendredi matin et 8 k. 200 le samedi matin. Tout en considérant que la traite du samedi matin représente le produit de 12 heures, au lieu de 11 heures à peine pour celle de la veille, il n'en ressort pas moins une grosse différence en faveur de la traite du samedi, et cette conclusion que la vache a été traite à fond le jeudi soir.

L'explication de la production à peu près nulle du jeudi soir est très simple ; l'animal a participé dans la journée aux épreuves du concours national, où il a enlevé d'ailleurs le premier prix de sa section, et son propriétaire, après l'avoir « forcé de lait », a été obligé de le faire traire dans l'après-midi, peu de temps avant la traite préparatoire. La vache nᵒ 43, au contraire, n'a point pris part au concours national et sa traite habituelle du soir s'est trouvée quelque peu retardée.

Par suite de la fatigue du voyage et aussi des multiples dérangements de la journée du jeudi, la quantité de lait a été sensiblement moindre le vendredi que le samedi. La traite du vendredi matin a livré 637 kilos de lait, pour les 89 bêtes concurrentes, et celle du samedi matin a livré 744 kilos, avec une heure seulement de plus depuis la dernière traite du soir. Quant aux deux autres traites du midi et du soir, leurs productions réunies ont atteint 815 kilos, le vendredi, et 843 kilos le lendemain. On remarque ainsi que, réunies, les deux dernières traites de la journée donnent un peu plus que celle du matin, bien que les temps de production restent identiques, douze heures dans chaque cas. De même, la traite de midi se montre un peu plus abondante que celle du soir, avec des intervalles égaux de six heures ; en 1906, à Forges, la traite du soir avait été légèrement supérieure, mais elle représentait la production de sept heures contre six heures seulement à celle du midi.

Avec le Gerber, les constatations sont des plus curieuses. En premier lieu, on s'aperçoit de suite que le lait du matin est le moins riche et celui du midi le plus chargé de matière grasse. La moyenne générale est de 37 gr. 79 par litre au matin, 50 gr. 51 à midi et 43 gr. 75 le soir, au lieu de 31,32, 48,76 et 42,61 à Forges. Mais à Rouen, les moyennes de chaque traite varient beaucoup plus qu'à Forges et, fait curieux, on perçoit une différence sensible entre les moyennes des deux jours d'essais. A Forges, avec un changement de régime à peu près insensible, les vaches se sont trouvées dans leurs conditions normales de production et les moyennes journalières ont accusé 40 gr. 89, 39 gr. 49 et 42 gr. 99 de matière grasse par litre de lait ; ce sont des résultats assez réguliers et, en tout cas, les petites variations constatées s'expliquent facilement par les mauvaises conditions climatériques du deuxième jour, qui fut pluvieux et froid, et les conditions toutes différentes du lendemain, journée chaude et ensoleillée. A Rouen, la moyenne du vendredi atteint 47 gr. 05 et celle du samedi retombe à 40 gr. 99 ; la différence provient surtout de la traite du matin, dont la teneur en matière grasse s'élève à 42 gr. 79 par litre le premier jour, et 31 gr. 59 seulement le second.

Comment expliquer ces gros écarts ? Il ne faut pas s'en prendre à la température restée très normale pendant la nuit de vendredi à samedi, ainsi que l'a constaté le thermomètre enregistreur. L'interprétation la plus logique est sans doute que, le samedi matin, les vaches étaient mieux reposées ; comme conséquence, leur production de lait devient abondante et se rapproche de la normale, mais le taux de la matière grasse se montre aussi plus moyen, avec 31 gr. 39 par litre, chiffre qui coïncide exactement avec ceux de Forges. Au contraire, le vendredi matin, les vaches étaient encore sous l'influence directe de la fatigue du voyage et des épreuves du Concours national, il en est résulté une réduction de la quantité de lait et une augmentation de la richesse en matière grasse.

En passant des moyennes générales aux résultats individuels des analyses, les constatations ne perdent pas de leur intérêt, mais, tout comme à Forges, on relève des écarts énormes entre la richesse des laits des concurrentes et aussi une variation désordonnée dans la composition du lait de la même vache, suivant les traites ou les jours. Les maxima des moyennes individuelles s'élèvent à 77 gr. 11 de matière grasse par litre pour les jersiaises, à 60 gr. 74 pour les normandes, à 60 gr. 09 pour les hollandaises et 52 gr. 43 pour les flamandes ; les minima s'abaissent pour les mêmes races à 41 gr. 55, 30 gr. 74 27 gr. 48 et 29 gr. 08. En étudiant chaque traite, les extrêmes s'écartent beaucoup plus. Ainsi, une jersiaise, celle qui détient la moyenne si élevée de 77 gr. 11 pour les deux jours d'essais, a donné à la traite du vendredi matin un lait renfermant 110 grammes de matière grasse par litre. Parmi les chiffres les plus forts, il faut encore citer 90 grammes, pour cette même jersiaise, à une autre traite, puis 87 gr. 5 et 83 grammes, pour deux normandes, et 80 gr. 5 pour une flamande.

Il est très peu de vaches qui livrent un lait de teneur sensiblement égale en matière grasse. L'une des plus régulières a été la vache hollandaise n° 78, qui a produit 1.278 grammes de beurre par jour ; son lait a accusé successivement au Gerber, aux six traites du vendredi et du samedi, des teneurs de 53 gr. 5 et 55 grammes de matière grasse par litre, au matin, de 67 grammes et 68 gr. 5 à midi, enfin de 61 gr. 5 et 65 grammes le soir. Chez elle, la régularité des dosages vient confirmer des aptitudes beurrières si exceptionnelles pour une hollandaise.

Par contre, on voit des vaches dont le lait passe de 17 grammes, à la traite du vendredi matin, à 67 grammes le samedi matin, ou encore de 15 gr. 5, le samedi matin, à 48 gr. 5 le même jour à midi. Les écarts du simple au double ne se comptent pas ; ils se suivent d'une traite à l'autre, pour la plupart des vaches. Le fait est facile à constater, beaucoup moins à expliquer. Les causes de ces variations brusques échappent absolument et il faut admettre que la mamelle secrète la matière grasse de façon très irrégulière. Cette sécrétion atteint-elle un maximum à une traite déterminée, elle a tendance à se réduire beaucoup à la traite suivante. Il semblerait que la mamelle ait besoin d'un certain temps après chaque effort. Son fonctionnement peut rester très régulier et comme automatique, quant à la quantité de lait, il varie presque toujours sensiblement pour la matière grasse. Pour s'en rendre compte, il suffit d'étudier les deux relevés concernant l'un la production du lait en poids, l'autre la production totale de matière grasse déduite des indications du Gerber.

On trouve quelques chiffres très élevés pour les quantités totales de matière grasse par traite. Sept vaches ont donné en une traite des productions de matière grasse dépassant la livre. Les maxima sont de 635 grammes, à la seconde traite du vendredi, pour le n° 11, et de 693 grammes pour une autre normande, le n° 24. Le plus curieux est que cette dernière n'a donné, dans ses six traites du vendredi et du samedi, que 1,793 grammes de matière grasse, toujours d'après le Gerber.

Les variations sont grandes aussi pour les produits des deux journées, et il s'en faut de beaucoup qu'une bête ayant livré les mêmes quantités de lait chaque jour, ait donné des poids égaux de matière grasse. La normande n° 18, second prix de sa section. donne 1,331 grammes de matière grasse le samedi, soit 200 grammes de plus que la veille ; au contraire, le n° 11 produit 1,362 grammes le vendredi, en vingt-trois heures, sensiblement plus que le lendemain. Il en ressort que dans les concours beurriers d'une journée, tels ceux de Jersey et d'Angleterre, on a chance d'obtenir de plus forts rendements que dans les concours de deux ou trois jours, comme ceux de la Seine-Inférieure, où les productions sont établies d'après des moyennes. A Forges et à Rouen, au lieu de maxima de 1,355 et 1,465 grammes de beurre par jour, on aurait certainement atteint et dépassé 1,500 grammes, si la durée des épreuves avait été réduite à vingt-quatre heures.

De la comparaison des notes du jury de dégustation des beurres avec les renseignements fournis par les exposants sur l'état de santé et le régime de leurs animaux, on peut également tirer d'intéressantes indications. C'est ainsi que de légères indispositions ne paraissaient pas avoir une influence sensible sur la qualité du produit : des bêtes malades ont donné les beurres classés dans les premiers rangs, tout comme celles restées en excellente santé. De même, il est arrivé que deux bêtes de même race présentées par un même exposant et nourries de façon identique, ont produit des beurres de qualité très différente. Pour les jersiaises, en particulier, on voit le jury de dégustation attribuer le premier prix au lot n° 96 et coter le n° 89 comme très mauvais. Les aptitudes individuelles auraient donc une influence très marquée sur la qualité des beurres.

Il n'est pas jusqu'à la couleur des beurres qui ne soit affectée par les aptitudes individuelles. L'exposition des mottes de beurre a fait ressortir des variations extraordinaires de couleur dont s'est fort étonné le public. Certaines vaches ont donné un beurre tout a fait blanc, sans que la composition de leur ration puisse fournir l'explication du phénomène. D'ailleurs, là encore, on constate que deux vaches, les flamandes nos 54 et 67, exposées par un éleveur dans deux sections différentes et qui reçoivent les mêmes aliments, livrent des beurres de teinte opposée, l'un très pâle, l'autre d'une belle couleur jaune. Au point de vue de la consistance, les notes sont aussi discordantes et des beurres restent très mous bien que laissés beaucoup plus longtemps que d'autres au malaxeur et ne renfermant pas plus d'eau.

L'influence individuelle éclate donc sur tous les points, en matière de production du beurre. Dans les conditions courantes de la pratique, on ne peut guère s'en apercevoir, car presque toujours les laits de plusieurs vaches sont mélangés. Il n'en est plus de même à un concours beurrier, lorsque tous les lots des bêtes concurrentes sont traités séparément. Ne voit-on pas certaines crèmes, placées cependant dans des conditions identiques de fermentation, se travailler beaucoup moins bien que d'autres ? Il s'en montre même exceptionnellement — le cas s'est présenté avec le n° 55 au concours de Rouen — qui, avec un taux normal d'acidité, donnent difficilement du beurre; pour le faire prendre, il faut des soins minutieux, des procédés exceptionnels et une patience sans bornes.

Comme le disait le grand Duclaux, le regretté directeur de l'Institut Pasteur, il n'y a pas un lait mais des laits, c'est-à-dire que chaque animal donne un lait de composition bien spéciale. Le lait est en quelque sorte une matière vivante, qui présente les caractères propres de l'animal qui l'a produit. Avant tout et bien que susceptible de subir de multiples influences, le lait reste fonction des aptitudes individuelles. C'est bien la raison essentielle des grandes épreuves pratiques que sont les concours beurriers et dont l'objet est précisément de rechercher les meilleures aptitudes individuelles, en vue de les perpétuer par voie de sélection.

VIII

L'Ecole ambulante de Laiterie du Département du Nord.

Déjà, à Forges-les-Eaux, la Société centrale d'Agriculture de la Seine-Inférieure s'était efforcée de rendre ses essais aussi instructifs que possible, et elle avait fait du premier concours beurrier organisé en France une sorte de grande leçon de choses pour les cultivateurs de la région. Reproduction du concours de Forges sur une échelle plus grande et avec toutes les améliorations indiquées par l'expérience, le concours de Rouen ne pouvait manquer de revêtir ce même caractère démonstratif. Il l'eut complètement, grâce surtout à l'installation et au fonctionnement d'une école ambulante de laiterie.

Depuis plus de vingt ans, il existe en France des écoles de laiterie. Cet enseignement spécial ne cesse de se développer et ne fait pas plus défaut pour les jeunes filles que pour les jeunes gens. Mamirolle et Poligny, dans la région fromagère de la Franche-Comté, comme Surgères, au milieu des beurreries coopératives des Charentes, donnent un enseignement très justement apprécié et forment d'excellents directeurs et contremaîtres pour nos fromageries et nos beurreries industrielles, tandis que dans leurs laboratoires, se poursuivent sans relâche les recherches ayant trait à l'amélioration des procédés de traitement du lait. De leur côté, les écoles de Coëtlogon, aux portes de Rennes, de Kerliver, dans le Finistère, et du Monastier, dans la Haute-Loire, s'adressent aux filles des cultivateurs et leur permettent d'acquérir une solide instruction professionnelle.

On ne saurait méconnaître la valeur de ces écoles. Coëtlogon, notamment, a servi de modèle à nombre de pays étrangers, et nos voisins les Belges, auxquels nous avons aujourd'hui à emprunter, lui ont demandé leurs premiers moniteurs de laiterie. Pourtant, ces écoles fixes ne semblent plus appelées à se multiplier. Après en avoir organisé plusieurs, la Belgique a dénoncé leurs inconvénients. Le principal proviendrait de la difficulté du recrutement des élèves. Les petits agriculteurs auxquels elles s'adressent surtout, trouvent trop lourdes les dépenses d'internat à consentir pour les filles, et celles-ci ne se soucient guère de quitter leurs parents pendant un an ou deux. Ces inconvénients disparaissent complètement avec les écoles nomades qui viennent s'installer dans les gros villages, pour quelques semaines, et reçoivent seulement les jeunes filles de ces villages et des environs immédiats. Il n'y a plus aucune charge pour les familles, car l'enseignement est absolument gratuit, et les jeunes filles n'ayant plus à quitter leurs parents que quelques heures par jour, sont mieux disposées à suivre des cours et des travaux qui les intéressent.

Les écoles volantes de laiterie triomphent donc et prennent nettement l'avantage sur les écoles sédentaires. La Belgique n'a conservé qu'une seule de ces dernières, pour former son personnel enseignant, mais chacune de ses provinces possède une école volante ; la province de Liège en entretient même deux. Déjà, plusieurs départements du Nord et du Nord-Ouest suivent l'exemple de la Belgique. Après les Côtes-du-Nord, où l'enseignement nomade de la laiterie fut inauguré dès 1902, c'est le Nord qui ouvre une école ambulante en décembre 1905 ; le Pas-de-Calais fait de même en 1906, et cette année, dans une commune du Pays-de-Bray, toute proche de la Seine-Inférieure, à Saint-Samson-la-Poterie, le département de l'Oise, à son tour, inaugure la première session d'une école volante de laiterie.

A sa seconde année d'existence, l'école du Nord parait tout à fait au point et son enseignement est très apprécié. Une première mise de fonds de 2.500 francs a suffi pour l'acquisition du matériel ; un budget annuel de 7.000 francs assure son fonctionnement, le tout fourni par le département, à l'exception de quelques subventions accordées par les sociétés d'agriculture. Quant aux locaux nécessaires pour l'installation de l'école et le logement des maîtresses, ils doivent être livrés gratuitement par les municipalités des localités intéressées. Chaque session dure trois mois, ce qui, à raison de quatre sessions, permet de recevoir chaque année de 60 à 80 jeunes filles de cultivateurs du département.

Depuis le début de mai, l'école ambulante de laiterie du Nord fonctionnait à Sebourg, commune de l'arrondissement de Valenciennes, située près de la la frontière belge. Sur la demande instante de son collègue de la Seine-Inférieure, le préfet du Nord voulut bien suspendre provisoirement les cours et permettre le déplacement de l'Ecole et sa participation au concours beurrier de Rouen. La Société centrale d'Agriculture de la Seine-Inférieure eut donc la vive satisfaction de recevoir douze élèves de l'école, toutes filles de cultivateurs de Sebourg ou des communes environnantes, accompagnées de leur maîtresse, Mlle Le Bon, et de ses adjointes ; la petite caravane était dirigée par M. Vallez, professeur spécial d'agriculture de l'arrondissement de Valenciennes et chargé en cette qualité de la surveillance de l'école à Sebourg. Le matériel, objets d'enseignement et appareils de laiterie, soigneusement emballé et expédié dans une voiture de déménagement, accompagnait le personnel, si bien que l'Ecole put s'installer, à une extrémité du grand hall du concours beurrier, face à un amphithéâtre, de façon aussi complète que dans les locaux mis à sa disposition dans les communes appelées à bénéficier de son enseignement.

Les nombreux visiteurs du Concours ont pu se convaincre facilement de l'excellence de cet enseignement et des résultats pratiques qu'il donne. Trois semaines seulement après le début de leur session, les élèves ont réussi à mener à bien, sans aucune hésitation et sans le moindre accroc, les multiples et délicates opérations de laiterie du Concours beurrier. Il s'agit évidemment de jeunes filles intelligentes, possédant une bonne instruction pri-

maire, déjà familiarisées avec les travaux de laiterie, mais la plupart des
filles d'agriculteurs qui sont appelées à fréquenter les écoles volantes de
laiterie se trouvent dans les mêmes conditions ; c'est bien la preuve que des
sessions de trois mois suffisent largement pour donner aux jeunes fermières
une excellente instruction professionnelle.

Naturellement, en dehors de l'aide précieuse apportée pour les opérations
du Concours beurrier, l'école ambulante a fonctionné de façon normale sous
les yeux du public. Pendant quatre jours, du mercredi au dimanche, matin
et soir, les travaux ordinaires se sont poursuivis et le petit programme-type,
soigneusement élaboré à l'avance, a été suivi de point en point. Chaque jour,
une certaine quantité de lait, de 100 à 150 litres achetés aux exposants du
Concours national dont les bêtes laitières ne prenaient point part aux épreuves du Concours beurrier, est utilisée à la fabrication du beurre et aussi à
celle de fromages de types différents : fromages à la crème, bondons, Port-
Salut et Pont-l'Evêque. Les visiteurs peuvent s'assurer de la qualité des
produits fabriqués, ce dont ils ne se font pas faute, d'ailleurs, car pains
de beurre et petits fromages disparaissent rapidement de la table d'exposition.

Les collections et le matériel d'enseignement apportés par l'école ambulante du Nord ont appris aux visiteurs du Concours de Rouen que la laiterie
ne faisait pas d'ordinaire l'objet exclusif des leçons des maîtresses et des
travaux des élèves. Avec le temps très limité dont on disposait à Rouen et le
caractère très spécial des essais organisés par la Société centrale, il ne pouvait être question d'aborder les différentes parties du programme de l'école
ambulante et force fut bien de se limiter à la laiterie qui en forme l'objet
principal. Toutefois l'enseignement est plus complet et touche tout ce qui
intéresse les fermières.

C'est ainsi qu'il comporte des notions de zootechnie, notamment sur l'alimentation des bêtes laitières et l'hygiène générale de la production du lait,
puis il s'occupe, de façon assez complète, de l'aviculture. Avec la laiterie, la
basse-cour est bien, en effet, l'une des parties de la ferme qui rentre plus
spécialement sous la direction et la surveillance de la fermière. C'est aussi
l'une des branches de la production agricole où il reste le plus de progrès à
réaliser, le plus de profits à recueillir. Le choix et l'amélioration des races
de poules, l'alimentation et l'hygiène des oiseaux de basse-cour tiennent
donc, à juste titre, une large place dans le programme de l'école ambulante
du Nord, et les divers appareils modernes de l'incubation et de l'élevage arti-
ficiels figurent dans son matériel au même titre que les instruments perfectionnés de laiterie.

De même, l'économie domestique et la comptabilité du ménage ne sont
point négligées. Quant aux exercices pratiques concernant la tenue de la maison : cuisine, couture, blanchissage, etc., le développement qui leur est
donné permettrait sans doute de changer le nom d'école ambulante de laiterie
contre celui d'école ménagère agricole, si l'on ne tenait avant tout à conserver

le qualificatif qui fait mieux ressortir l'objet principal de cet enseignement nomade.

Mais les écoles ambulantes de laiterie ne donnent point seulement un enseignement très profitable aux jeunes filles ; elles exercent aussi une influence bienfaisante sur les fermières. Cette influence s'exerce déjà de façon indirecte, par l'intermédiaire des élèves, qui, rentrées chaque soir au logis familial, ne manquent pas de faire connaître les points essentiels qu'elles ont appris, d'où une amélioration souvent immédiate de procédés défectueux et leur remplacement par les pratiques recommandées à l'école. Elle se manifeste aussi directement, car l'école est ouverte au public une fois par semaine et nombre de fermières en profitent pour venir demander des conseils aux maîtresses.

A la vérité, l'action d'une école ambulante de laiterie peut encore être plus complète. Le petit laboratoire dont elle dispose et ses appareils pourtant très simples, tels que microscopes, contrôleur Gerber et acidimètre, ne permettent-il pas de multiplier au village d'intéressantes déterminations qui, sans elle, ne seraient sans doute jamais effectuées ? Et, comme on le faisait remarquer au Congrès international de laiterie de Paris, à la fin de 1905, l'un des principaux avantages des écoles ambulantes de laiterie découle précisément de la souplesse de leur enseignement, de la facilité avec laquelle il se plie au besoins des communes qui les reçoivent. Dans la banlieue des villes, là où le lait est vendu en nature, le programme fait une large place à la technique de la traite, aux soins à prendre pour assurer la parfaite qualité et la conservation du lait ; ailleurs, la fabrication rationnelle du beurre présente plus d'intérêt et fait l'objet de longues et minutieuses démonstrations ; plus loin, c'est le fromage qui se substitue au beurre, et sa fabrication est étudiée par le menu. De même, ces écoles peuvent constituer au début les laboratoires des syndicats de contrôle laitier, là où ces utiles institutions prennent pied, et elles contribuent aussi puissamment à l'organisation des diverses associations mutuelles dont le bétail et l'exploitation rationnelle de ses produits font l'objet.

L'école ambulante de laiterie du département du Nord ne s'est donc montrée à Rouen que sous l'un de ses aspects, et cependant elle a été l'un des principaux attraits du Concours beurrier. De plus, grâce à sa venue, la preuve de l'utilité, de la nécessité de l'enseignement nomade de la laiterie, a été donnée de façon très claire. C'est le but que se proposait la Société centrale d'agriculture de la Seine-Inférieure en sollicitant la participation de l'école ambulante du Nord à son Concours beurrier, et elle ne peut que se féliciter de le voir atteint aussi parfaitement.

IX.

Leçons et Conférences.

Les multiples démonstrations faites par le personnel de l'Ecole ambulante de laiterie du département du Nord, constituaient déjà un enseignement très

RACE JERSIAISE et RACE BRETONNE

N° 94. *Fertile,*

4 ans 10 mois. (Jersiaise)
340 kil.

A M. E. CHEVALIER
à Marques (S.-Inf.).

PRODUCTION PAR 24 HEURES :

919 grammes de beurre.
13 kil. 123 de lait.

**1er Prix de la 4e Cat. (2e Sect.)
et Prix de Championnat**
pour la plus forte production de
beurre par 100 kil. de poids vif.

N° 90. *Jolie,*

ans. (Bretonne)
8 kil.

A M. CH. FOULONGNE
à La-Haye-de-Calleville (Eure).

ODUCTION PAR 24 HEURES :

471 grammes de beurre.
8 kil. 451 de lait.

e Prix de la 4e Cat. (1re Sect.)

N° 95. *Aurore-de-Gannes,*

6 ans 1 mois. (Jersiaise)
346 kil.

A M. L. WALLET
à Gannes (Oise).

PRODUCTION PAR 24 HEURES :

589 grammes de beurre.
11 kil. 565 de lait.

3e Prix de la 4e Cat. (2e Sect.)

profitable pour les visiteurs du Concours beurrier. Les renseignements de toutes sortes sollicités des maîtresses de l'Ecole donnent, d'ailleurs, la meilleure preuve de l'attention avec laquelle ont été suivis les travaux des élèves. Cependant, désireuse d'insister le plus possible sur les améliorations à apporter au traitement du lait dans nos fermes, la Société centrale d'agriculture de la Seine-Inférieure a tenu à faire compléter ces démonstrations par un véritable cours de laiterie.

L'année dernière, Mlle Van den Bergh, professeur de l'Etat belge, que son gouvernement avait mise à la disposition du département du Nord pour diriger l'une des premières sessions de l'Ecole ambulante de laiterie, avait pu venir au concours de Forges, à l'issue de cette session, avant de retourner en Belgique. Ses quatre leçons sur le traitement du lait et la fabrication du beurre avaient obtenu le plus vif succès. La Société centrale ne pouvait donc mieux faire que s'adresser de nouveau à l'aimable conférencière, et M. de Vuyst, inspecteur principal de l'agriculture à Bruxelles, l'organisateur des écoles ménagères agricoles en Belgique, voulut bien lui accorder le congé nécessaire. Mlle Van den Bergh a retrouvé à Rouen son succès de Forges et a vu se presser autour d'elle un nombreux auditoire. Son cours n'a pas comporté moins de six leçons, ce qui lui a permis d'entrer dans force détails et de passer successivement en revue : les meilleurs procédés de traite, les soins à donner au lait après la traite, l'écrémage et ses différents modes, la fermentation de la crème, le barattage, le délaitage, le malaxage, la conservation du beurre, son rajeunissement, et enfin les principes généraux de la fabrication du fromage. Tout cela fut expliqué de façon très claire et très pratique ; c'était un véritable cours à l'usage des fermières, comme savent en organiser nos voisins les Belges, pour les institutions si intéressantes qu'ils appellent « cercles de fermières ».

Tandis que, dans son stand, l'école ambulante de laiterie du Nord constituait une attraction très goûtée et que les visiteurs se montraient nombreux autour de ses barrières ou sur les gradins du vaste amphithéâtre qui lui faisait face, pour suivre ses travaux et écouter les explications de Mlle Van den Bergh, l'intérêt n'était pas moindre ni la foule moins empressée à l'autre extrémité du hall, au laboratoire et à l'amphithéâtre réservé aux conférences. Pendant toute la durée du concours, les laboratoires d'analyses et de fermentations devinrent aussi de véritables salles de cours. Ce fut d'abord un cours complet des méthodes d'analyse et de contrôle du lait, professé par l'un des plus distingués des maîtres de conférences de Grignon, M. Mamelle, qui est chargé d'enseigner les notions de chimie analytique aux élèves de notre grande Ecole nationale d'agriculture.

Dans une série d'attrayantes causeries, M. Mamelle s'est d'abord attaché à faire ressortir les propriétés générales du lait, sa constitution physique et les différents éléments qui le composent. Puis, après avoir indiqué tous les soins à prendre pour le prélèvement des échantillons destinés à l'analyse et les moyens pratiques d'assurer leur conservation, il a passé en revue les méthodes de contrôle du lait basées sur ses propriétés physiques, telles que la mesure de son opacité avec le lactoscope, la prise de densité, l'évaluation de la quantité de matière grasse à l'aide du crémomètre, mais pour mieux faire ressortir la partie très limitée des renseignements ainsi obtenus. Ensuite est venue la description des véritables méthodes d'analyse : les procédés industriels, avec l'acido-butyromètre de Gerber, l'instrument le plus répandu dans les laiteries et celui qui a servi aux différentes déterminations du Concours beurrier ; les procédés de laboratoire, ceux de Duclaux, le regretté directeur de l'Institut Pasteur, de Girard, le directeur du laboratoire municipal de Paris, et de Bordas, le professeur du Collège de France, directeur du laboratoire central chargé de la répression des fraudes alimentaires. Certains procédés indirects, peu connus en France mais très appréciés à l'étranger, n'ont pas été davantage oubliés, tels le réfractomètre Wollny, qui permet d'opérer encore plus rapidement que le Gerber, et la méthode Gottlieb, extrêmement précise, la seule en usage en Danemark et en Suède pour le dosage de la matière grasse dans les laits écrémés.

Dans une magistrale conférence, M. Mazé, le savant chef du laboratoire de chimie et de microbiologie agricoles de l'Institut Pasteur, a brillamment défini le rôle général des microbes dans la nature et a opposé leur œuvre de destruction et de tranformation à l'œuvre de création des végétaux supérieurs. Avec lui, ses auditeurs ont passé en revue les bases essentielles de la doctrine pastorienne, les conséquences incalculables de la détermination et de l'isolement des microbes, des virus et des toxines, puis les méthodes de préparation des vaccins et des sérums ; ils ont appris les relations des microbes de la laiterie avec le monde extérieur, leur pullulation dans le sol, dans l'air, dans l'eau, et par suite les précautions minutieuses à prendre pour assurer la conservation du lait.

Mais M. Mazé ne s'est pas contenté de cette brillante conférence. Dans plusieurs causeries familières, il a longuement développé le rôle des microbes du lait et a insisté sur la fermentation de la crème, tant sur la méthode spontanée et les conditions favorables qu'elle doit rencontrer pour être régulière, que sur la méthode artificielle à l'aide de ferments sélectionnés et après pasteurisation préalable. Il a fait connaître la préparation des bons ferments lactiques ; puis, passant aux produits fabriqués, il a détaillé les causes d'altération du beurre et a terminé par un aperçu général des microbes de la fromagerie et de l'emploi des ferments sélectionnés dans l'industrie fromagère.

D'importantes collections, apportées de l'Institut Pasteur, ont permis à M. Mazé de montrer les principaux microbes de la laiterie et de la fromagerie, une dizaine des meilleurs ferments lactiques, quelques-unes des bonnes et des mauvaises moisissures des fromages ainsi que certains ferments de la caséine. Pour la plupart, sinon pour tous les auditeurs, c'était la découverte d'un monde nouveau, faite de la façon la plus intéressante, avec un guide d'une érudition consommée.

Quittant le domaine de la chimie et de la microbiologie, M. Dechambre, le sympathique professeur de zootechnie à l'Ecole de Grignon, entretient ses auditeurs des procédés de sélection à appliquer aux vaches laitières. Il commence par énumérer et détailler tous les caractères extérieurs qui décèlent, de façon plus ou moins nette et fidèle, les aptitudes laitières et beurrières des vaches. A côté des indices communs, que n'ignore aucun des membres des jurys des concours, après avoir insisté sur la conformation du pis et sur les veines mammaires et périnéales qui font connaître l'intensité de l'irrigation sanguine des glandes lactifères et, par suite, leur activité, M. Dechambre s'attache à décrire les signes moins connus, comme les papilles de la bouche. Une étude aussi complète ne fait que renforcer l'affirmation du conférencier lorsqu'il vient déclarer que tous ces caractères extérieurs, quels qu'ils soient, manquent de précision et que, seul, le contrôle pratique, comportant à la fois la pesée du lait et le dosage de la matière grasse, doit être la base de la sélection des vaches laitières, le guide sûr qui permettra à l'éleveur d'éliminer les bêtes médiocres et d'arriver à la constitution d'un troupeau de choix.

M. Mallèvre, le savant professeur de zootechnie à l'Institut agronomique de Paris, avait bien voulu se charger d'exposer les règles de l'alimentation rationnelle des vaches laitières à l'étable pendant l'hiver. Une fâcheuse indisposition a privé les visiteurs du Concours beurrier du plaisir d'entendre sa parole élégante et précise, mais du moins sa conférence a été écrite et la Société centrale d'agriculture se fera un devoir de la publier *in extenso*.

En abordant cette passionnante question de l'alimentation du bétail, dans laquelle il s'est spécialisé de longue date, M. Mallèvre déclare que, pour la production du lait, l'alimentation n'est pas ce facteur essentiel, primordial, qu'on s'imagine communément. Les aptitudes individuelles et l'époque du vêlage ont une influence autrement considérable sur la production laitière. Et, pour démontrer l'influence insignifiante de la ration sur la teneur du lait en matière grasse, il signale les résultats de l'expérience décisive poursuivie par une station agronomique américaine, sur un groupe assez nombreux de vaches laitières, pendant quatre lactations consécutives. En substituant une ration intensive à une alimentation insuffisante, la richesse du lait en matière grasse a augmenté seulement de 1 à 4 grammes par litre suivant les individus et en moyenne de 2 gr. 5 par litre, passant de 44 gr. 5 par litre à 47 grammes. Cette augmentation de 5, 6 0/0 pour l'ensemble des vaches, est donc absolument insignifiante. Il est vrai qu'en ce qui concerne la production quantitative du lait, l'influence de l'alimentation est beaucoup plus sensible, moindre cependant qu'on ne l'admet d'ordinaire. Dès lors que la ration suffit à l'animal pour se maintenir en équilibre de poids vif, la production laitière atteint à peu près le maximum fixé par les aptitudes individuelles, et une nourriture plus intensive ne permet guère d'augmenter le rendement. Sans doute, les excédents alimentaires ne sont pas apportés en pure perte, car s'il ne peut en tirer du lait, l'animal en fera de la graisse, mais l'excès de ce côté ne laisse pas d'être nuisible pour les bêtes laitières.

Malgré ces restrictions, le problème de l'alimentation conserve une grande importance, car les rations insuffisantes peuvent exposer à de grosses pertes ; de plus, il est du plus haut intérêt pour l'éleveur de rechercher l'alimentation la plus économique. Les écarts parfois considérables relevés entre les aptitudes individuelles des différentes vaches de chaque troupeau et la diminution de la production laitière avec l'éloignement du vêlage imposent des rations très dissemblables et des modifications incessantes. La complication est moindre pourtant qu'il n'apparaît tout d'abord, car les différences peuvent porter exclusivement sur une partie seulement de la ration. M. Mallèvre en donne un exemple par le calcul de rations-types pour vaches d'un poids vif de 500 kil., produisant 10, 16 et 22 litres de lait par jour. Pour toutes, les quantités de foin et de paille restent égales, avec 5 kilos de foin de pré, 3 kilos de paille et 2 kilos de menue paille. Des aliments grossiers, les betteraves seules, qui doivent constituer le fond de la ration des bêtes laitières, changent quelque peu : 34, 42 ou 50 kilogrammes par tête et par jour, de racines à 12 0/0 de matière sèche, suivant que le rendement en lait est de 10, 16 ou 22 litres. Mais la grosse différence provient des aliments concentrés, des tourteaux, dont la quantité passe de 1 à 3 kilos dans ces trois cas. Il est donc assez simple, en somme, de donner satisfaction aux exigences nutritives des vaches laitières et l'on tombe facilement d'accord avec M. Mallèvre, quand il avance que l'alimentation rationnelle est également l'alimentation économique, c'est-à-dire celle qui laisse les plus gros profits.

La santé des vaches laitières préoccupe à juste titre les éleveurs et nombre d'entre eux savent quelles pertes considérables les maladies peuvent occasionner dans les étables ; aussi, l'annonce de la venue à Rouen de M. Moussu, professeur de pathologie bovine à l'Ecole vétérinaire d'Alfort, a-t-elle été apprise avec une vive satisfaction par les visiteurs du Concours agricole. Un changement de programme survenu à la dernière heure — la visite du Concours par le Ministre de l'Agriculture dès la matinée du dimanche — n'a point permis au savant maître de faire sa conférence dans l'amphithéâtre du Concours beurrier, mais dans une salle de l'Hôtel-de-Ville de Rouen. Les précieux conseils qu'il a donnés à ses auditeurs, pour quelques-unes des maladies les plus préjudiciables aux vaches laitières, l'avortement épizootique, la vaginite granuleuse contagieuse, la nymphomanie et les mammites, ne feront pas plus défaut que ceux de M. Mallèvre, aux agriculteurs de la région qui n'ont pu l'entendre, car le compte rendu officiel du Concours beurrier les reproduira dans leur intégralité.

Tous les sujets intéressant le producteur de lait ont été ainsi abordés et développés à tour de rôle. Et le Concours beurrier de Rouen a bien été ce qu'entendait en faire la Société centrale d'agriculture de la Seine-Inférieure : en premier lieu, l'irréfutable, la victorieuse démonstration de la méthode nouvelle qui s'impose pour le jugement des vaches laitières et pour l'amélioration des races ; ensuite, une grande leçon de choses qui a permis aux agriculteurs de la région de perfectionner leurs connaissances sur tout ce qui a trait au lait et à la bête laitière. Toutes les revues spéciales, tous les journaux agricoles qui ont rendu compte du Concours national de Rouen, ont signalé la haute portée et le vif intérêt du Concours beurrier ; ils ont félicité chaudement la Société centrale d'agriculture de la Seine-Inférieure de son heureuse initiative et ils n'ont pas manqué de reporter, comme il convenait, sur son très sympathique président, M. Lormier, tout le mérite de cette belle et féconde manifestation

Démonstrations et Conférences

Leçons-Démonstrations
sur la Constitution et les Méthodes d'Analyse
et de Contrôle du Lait

Par M. Henri MAMELLE,

Maître de Conférences de Physique et de Chimie générale à l'Ecole Nationale
d'Agriculture de Grignon.

Le lait est un mélange de différents principes parmi lesquels se trouvent toujours : de l'eau, une graisse, des matières albuminoïdes, un sucre et des sels. En outre, dès sa sortie du pis, il est généralement envahi par des microbes qui s'y multiplient rapidement. Ces microbes secrètent des sucs spéciaux appelés *diastases*, dont l'action est de modifier les principes chimiques. D'autres diastases proviennent normalement de la mamelle. La composition primitive du lait change profondément sous leur action prolongée. Ainsi les diastases des ferments lactiques transforment le sucre *lactose* en *acide lactique*.

Principes chimiques, microbes, diastases, quoique toujours présents dans un lait naturel, y sont en proportions variables. De sorte que l'on peut dire qu'il n'y a pas deux laits parfaitement identiques.

La valeur d'un lait dépend, évidemment, de ses proportions ; d'où l'intérêt de les déterminer par l'analyse chimique et microbiologique.

Mais avant de décrire les procédés analytiques, il est nécessaire de connaître la constitution du lait complet. On comprendra mieux ensuite l'utilité et la technique des méthodes d'analyse, et les résultats en seront plus facilement interprétés.

I.

Constitution physique et chimique du lait de vache.

Les principes chimiques qui composent le lait peuvent être classés d'après leur état physique en quatre groupes :

a) Matières liquides : eau environ 86 à 88 0/0 ;

b) Matières en émulsion : graisses 3 à 6 0/0 ;

c) Matières coagulables (en solution colloïdale) caséine et albumine 3,5 0/0 ; phosphate de chaux 0,2 0/0 ;

d) Matières en solution réelle, sucre 4 à 5,5 0/0 ; phosphates, chlorures, citrates 0,8 0/0.

Ces chiffres n'ont rien d'absolu. Aussi, l'ensemble des trois derniers groupes qui forment l'*extrait sec* varie, en poids, de 11 à 15 0/0.

LES ÉLÉMENTS ÉMULSIONNÉS.

De l'état d'émulsion. — La matière grasse est répartie également dans le lait sous la forme de petits globules visibles au microscope, disséminés au milieu d'un liquide, où ils sont insolubles.

On peut reconstituer une pareille disposition en agitant ensemble deux liquides insolubles l'un dans l'autre ; l'eau et l'huile d'olive donnent facilement l'aspect laiteux caractéristique d'une émulsion. Dans l'exemple, cet aspect disparaît presque instantanément si on laisse le mélange au repos : l'huile se rassemble en couche homogène au-dessus de l'eau. L'état d'émulsion y est donc passager.

Stabilité des Emulsions. — a). *Influence des densités.* — La destruction d'une émulsion est rendue possible, en premier lieu, par la différence de densité des deux constituants ; la gravitation ou la force centrifuge provoquent alors leur séparation. Avec des produits de même densité (huile et eau alcoolisée), Plateau a obtenu des émulsions persistant au repos.

Dans le lait, la différence des densités est plus grande que dans le système huile et eau pure.

(D = 1,035 à 1,036 pour le petit lait,

D = 0,930 pour la matière grasse.)

C'est pourquoi la crème peut se séparer du petit lait.

Cependant, au repos, cette séparation est bien loin d'être instantanée. Il doit donc exister, dans le lait, des causes protectrices de l'émulsion. La viscosité a, dans ce sens, une action prépondérante.

b) *Influence de la viscosité.* — La *viscosité* est la résistance que les fluides offrent à la pénétration. Son intensité varie avec la nature du fluide : le sérum du lait étant bien plus visqueux que l'eau pure, les granules butyreux s'y déplacent bien plus difficilement. L'émulsion lactée, de ce fait, est relativement stable.

L'augmentation de la température, pour un même liquide, diminue la viscosité. Entre 50 et 15°, celle du lacto-sérum passe du simple au double ; l'écrémage du lait est donc plus rapide à chaud qu'à froid. On peut aussi diminuer la viscosité du lacto-sérum en attaquant la caséine par des réactifs chimiques ; c'est là un principe utilisé dans la plupart des méthodes de dosage de la matière grasse. Inversement, la richesse en caséine est corrélative de la stabilité.

c) Influence du degré de finesse de l'émulsion. — L'importance de la résultante des deux actions précédentes est en rapport avec la grosseur des globules gras, dont le diamètre varie de un centième à un millième de millimètre.

Rappelons, en effet, que si l'on divise une sphère en mille petites sphères égales, la densité de la matière ne change pas, mais la surface totale des globules devient dix fois plus grande.

Si ces globules sont immergés, la sphère primitive et l'ensemble des petites sphères, qui ont la même masse, sont soumises à la même force ascensionnelle.

Mais la viscosité, qui est une action de surface, s'exercera avec une force plus grande sur l'ensemble des petits globules et en ralentira, par conséquent, l'ascension d'une façon considérable.

L'emploi des *émulsionneuses* consacre pratiquement ces faits théoriques.

Autres conclusions : 1° comme dans un même lait on trouve des globules de diamètre différent, la première montée de crème comprend les plus gros globules, qui servent quelquefois à la préparation des beurres de choix. La crème des gros globules, en effet, est plus compacte et donne un beurre plus ferme que celle des petits ; 2° le diamètre moyen des globules variant avec les races, — très gros pour les jersiaises, moyen pour les normandes et très petits dans la race hollandaise, — la facilité de l'écrémage est aussi très variable.

En vue du rendement maximum en crème, nous devons éviter la formation des petits globules, qui se séparent très mal. Les chocs violents produisant facilement leur formation, aux dépens des gros, il faut donc apporter les plus grands ménagements à l'admission du lait dans le bol des centrifuges, et éviter toute agitation brusque dans les pasteurisateurs ou dans les récipients recevant le lait avant l'écrémage.

Le degré de finesse des globules joue aussi un rôle important dans le dosage des matières grasses, par les méthodes dites d'*extraction*.

d) Influence du pouvoir lubrifiant et de la tension superficielle. — En examinant la crème au microscope on y perçoit les globules butyreux presque en contact les uns des autres. L'émulsion lactée s'est transformée en une seconde émulsion, et l'on peut se demander pourquoi l'action de la pesanteur s'est arrêtée à ce nouvel état.

Des causes nouvelles interviennent, en effet, dans la stabilité d'une émulsion.

L'une d'elles, la *viscosité superficielle de Plateau* ou *pouvoir lubrifiant,* est la résistance que les lames du liquide interglobulaire présentent à la réunion des globules gras. La persistance de la mousse sur le lait est un indice de l'importance que prend cette force.

Il existe encore, dans les émulsions, une autre force directement opposée à la précédente : c'est la *tension superficielle à la limite des deux liquides* qui tend à diminuer la surface de séparation des deux constituants par la réunion des globules.

C'est bien une force antagoniste du pouvoir lubrifiant. Ayant à lutter contre ce dernier, dont l'action est toute de surface, son travail sera d'autant plus difficile que l'émulsion sera plus fine.

Là encore nous trouvons une nouvelle difficulté à la destruction des émulsions fines.

La stabilité de la crème est due à la faiblesse de la tension superficielle vis-à-vis du pouvoir lubrifiant. Il faut que le barattage brise les lamelles liquides pour permettre la réunion *partielle* des globules gras, ce qui donne le beurre qui est une troisième forme d'émulsion de la matière grasse.

Ajoutons que d'après les théories nouvelles, la tension superficielle aurait aussi à vaincre, dans son travail de réunion des globules, des *répulsions électrostatiques*.

Composition chimique de la matière émulsionnée. — La matière grasse, que l'on peut isoler complètement et sans altération de son émulsion, est neutre, pâteuse à la température ordinaire, fond vers 35° et ne se distille pas. Sa densité est voisine de 0,930. Elle est insoluble dans l'eau et l'alcool dilué, mais très soluble dans l'éther, le sulfure de carbone, l'acétone, et partiellement dans un mélange d'éther et d'alcool.

Chevreul a étudié le dédoublement chimique des corps gras qu'on appelle *saponification*, et il a pu démontrer qu'une matière grasse chimiquement déterminée est une combinaison de la *glycérine* avec un *acide gras*. La graisse du beurre est un mélange de nombreuses combinaisons semblables, où la glycérine se trouve associée à une série d'acides qui se répartissent à peu près de la façon suivante :

90 % d'acides oléique, arachidique, stéarique, margarique, myristique;

3 % d'acides capronique, caprilique, caproïque;

7 % d'acide butyrique.

Cette liste prouve d'abord la complexité de la matière grasse du beurre. Elle montre aussi — les acides précités n'ayant pas été dénommés au hasard — que cette matière grasse se rapproche, par sa constitution, d'autres graisses animales et végétales.

Cette similitude, qui a permis longtemps la fraude du beurre par substitution ou addition de graisses animales ou végétales, n'est cependant pas complète. Il y a, parmi les acides du beurre, un corps volatil et soluble, l'*acide butyrique* dont la présence, en grande proportion, est considérée aujourd'hui comme le principal témoignage de la pureté d'un beurre.

PRIX DE CHAMPIONNAT

N° 11.

Belle - en - tout - temps,

6 ans. (Normande)
7 80 kil.

A M. A. DUBUC
à Thil-Riberpré (S.-Inf.).

PRODUCTION PAR 24 HEURES :
1465 grammes de beurre.
22 kil. 748 de lait.

1er Prix de la 1re Catég. (2e Sect.)
et Prix de Championnat

pour la plus forte production de
beurre.

N° 43. *Jaunette,*

s 4 mois. (Normande)
o 5 kil.

A M. PAGNERRE
à Longchamps (Eure).

UCTION PAR 24 HEURES :

1260 grammes de beurre.
29 kil. 872 de lait.

spécial de la 2e Cat. (2e Sect.)
et Prix de Championnat

la plus forte production de

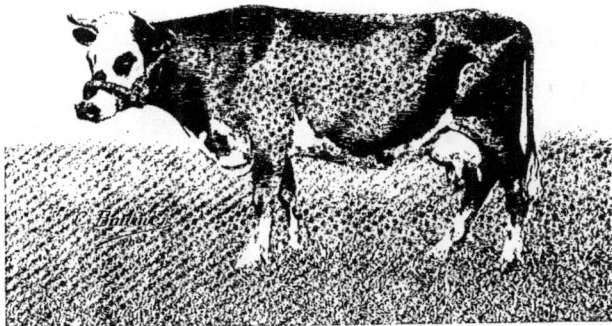

N° 13. *Pâquerette,*

6 ans (Normande)
5 32 kil.

A M. A. PHILIPPART
à Haussez (S.-Inf.).

PRODUCTION PAR 24 HEURES :

1176 grammes de beurre.
20 kil. 387 de lait.

3 Prix de la 1re Catég. (2e Sect.)
et Prix de Championnat

pour la plus forte production de
lait par 100 kil. de poids vif.

Une autre propriété générale aux matières grasses est de s'oxyder à l'air. La chaleur et l'état d'émulsion favorisent cette action qui donne au beurre le goût de *rance*.

D'une façon générale, les matières grasses sont inertes devant les autres réactifs chimiques, et, particulièrement, résistent bien aux acides, même concentrés et chauds, propriété appliquée par Laval, Lézé, Babcock, Gerber, etc., dans le dosage de la matière grasse.

LA SOLUTION COLLOÏDALE

Le petit lait, en dehors de quelques globules gras, ne présente pas au microscope les éléments caractéristiques d'une émulsion. Ce n'est pourtant pas une simple solution, car sa filtration au travers de la porcelaine en sépare *la caséine*. Duclaux, le premier, a caractérisé cette distribution particulière de la matière albuminoïde dans le sérum lacté, comme étant une solution colloïdale.

En présence de l'eau les colloïdes, comme la caséine, se gonflent, puis se répartissent dans tout le liquide en particules infiniment ténues qui communiquent souvent à l'ensemble une légère opalescence.

L'extrême finesse de ces granules $\frac{1}{100.000}$ les rendent invisibles au microscope par les moyens ordinaires.

Cependant en utilisant une illumination latérale puissante, ils peuvent apparaître, sous le microscope, comme autant de points lumineux sur un fond noir.

Rien de plus intéressant alors que de suivre leur évolution incessante et désordonnée. A la longue ce mouvement qui entretient l'homogénéité de la masse se ralentit, puis cesse. Dès lors, les granules sont rassemblés. Ainsi, Duclaux a pu voir, après un temps très long, la caséine se réunir à la base du petit lait.

Pas plus que l'émulsion, la solution colloïdale n'est stable.

Malgré cette fin semblable, des raisons importantes nous obligent à différencier ces deux états. Et d'abord, dans les émulsions, l'enveloppé est insoluble dans l'enveloppant, tandis que dans les solutions colloïdales les deux constituants se pénètrent mutuellement.

Le granule contient, en état ordinaire, une très large proportion de l'enveloppant, en sorte que les différences dans les propriétés des deux constituants s'atténuent. Ainsi les différences de densité et de tension superficielle devenant très faibles, donnent au système une grande stabilité.

Si au contraire, une cause quelconque intervenant, les granules expulsent le liquide, la densité et la tension superficielle prennent une importance suffisante pour réunir les corpuscules. Alors se produit le phénomène de la *coagulation* ou *floculation*. La solution est détruite, des caillots spongieux envahissent toute la masse, puis, lentement, par leur densité et leur rétractilité, se déposent en laissant exsuder le sérum.

Cette réaction est provoquée dans le petit lait par l'addition d'une quantité convenable de présure ou d'acide. Indiquons pour mémoire que les variations de la tension superficielle permettent d'expliquer cette réaction caractéristique des solutions colloïdales ainsi que le mouvement de leurs granules.

Propriétés chimiques des albuminoïdes du lait. — Duclaux imaginait que la caséine était le seul albuminoïde du lait. Pour lui le dépôt albumineux qui apparaît à la longue pendant le repos du petit lait, serait formé de *caséine dite en suspension.*

Le liquide translucide restant au-dessus, contiendrait de la *caséine en solution colloïdale* et de la *caséine soluble* que l'on pourrait séparer l'une de l'autre au moyen d'une filtration au travers de la porcelaine.

Cette interprétation de faits exacts semble erronée. Les deux premières formes de la caséine qui constituent le *caillé* sont confondues en une seule. Le liquide clair, exsudé du caillé, ou *serai*, précipite à l'ébullition un coagulum constitué par la lactalbumine, matière différente de la caséine.

Il est utile de rappeler au point de vue économique, que pas plus que la filtration au travers de la porcelaine, la coagulation à froid ne permet, en général, de séparer toutes les substances albuminoïdes du lait. La caséine est donc le seul constituant de la plupart des fromages.

La *caséine* forme d'ailleurs la partie importante des albuminoïdes, 9/10 environ. Elle est dans le lait en solution colloïdale stable même à l'ébullition.

Son caractère acide lui donne une tendance à la floculation pour peu que le milieu devienne acide ; ainsi 0,7 0/0 d'acide lactique ou acétique la coagule à froid et 0,25 à l'ébullition. Mais un excès d'acide la redissout. Elle est très soluble dans les alcalis et les sels alcalins, ces solutions sont dues à des transformations profondes qui ne permettent pas de retrouver par évaporation le produit primitif. Ces actions diminuant aussi la viscosité du milieu sont utilisées dans les dosages.

La *lactalbumine* est à réaction neutre ; elle ne précipite pas à froid par les acides ou la présure ; par contre elle coagule à l'ébullition.

L'ensemble des albuminoïdes du lait qui sont certainement plus nombreux encore précipitent par l'acide trichloroacétique ou l'acide acétique en solution alcoolique. (Voir procédé Bordas).

Composition chimique des albuminoïdes du lait. — On admettait, jusqu'à ces derniers temps, que les colloïdes étaient des composés chimiques définis et que le résidu sec d'une solution colloïdale était en tout semblable au corps qui se trouvait en solution.

Or, la composition chimique des granules est essentiellement variable, elle dépend de la composition du liquide intergranulaire.

Ceci résulte du fait déjà exposé de l'*absorption* par laquelle les deux constituants se pénètrent dans des proportions qui nous sont totalement inconnues.

Un second phénomène, l'*adsorption*, vient compliquer tout à fait cette chimie. En général, les granules colloïdaux ne sont pas baignés dans un liquide pur, mais dans une solution; ainsi, le lactosérum est une solution aqueuse de sucre et de sels.

Dans ces conditions, il se fait à la surface des granules une condensation des matières dissoutes, que les purifications même les plus soignées n'enlèvent jamais; c'est là le phénomène de l'adsorption.

La nature de cette condensation varie brusquement au moment de la floculation, phénomène qui se différencie encore par cette nouvelle propriété de la dislocation des émulsions ou du dépôt spontané des colloïdes.

L'absorption est régie par le volume des granules, l'adsorption par leur surface; or, dans une solution colloïdale, c'est la surface des granules qui est importante, le phénomène de l'adsorption y devient donc prépondérant.

Ajoutons que, dans la dessication d'un colloïde en vue de son étude analytique, on ne sait pas encore où s'arrêter :

Ainsi 1° La spécification ou la purification d'un colloïde sont à peu près impossibles;

2' La composition du granule en solution n'est pas la même que celle du produit floculé ou desséché.

Imaginons maintenant le cas du lait où il y a au moins deux albuminoïdes et un phosphate en solution colloïdale.

Comment, devant cette complication, oser parler d'extraction de matière pure et vouloir s'appuyer sur la composition centésimale des matières ainsi extraites pour étudier leur constitution ?

Ne soyons donc plus étonnés si les analyses portant sur des substances aussi indéterminées aient conduit les chimistes à des résultats à peu près négatifs et ne retenons des milliers de chiffres publiés que le fait de la fixité relative de la proportion d'azote 16,5 0/0 environ de la matière dite sèche.

Comme les albuminoïdes sont, approximativement, les seules matières azotées du lait, la teneur en azote nous renseignera sur la richesse en albuminoïdes. On en trouve de 2,8 à 4,5 0/0 dans les laits de vache.

LA SOLUTION VÉRITABLE.

Le coagulum des albuminoïdes laisse exsuder le lactosérum, solution aqueuse de lactose et de sels minéraux.

Le lactose — sucre comparable au saccharose de la betterave — est soluble dans l'eau, cristallise hydraté, possède le pouvoir de réduire la liqueur de Fehling et marque au polarimètre. La levure de bière, les grains de képhyr, etc., le transforment en alcool. Entre 20 et 30° les bacilles lactiques en font un acide énergique, l'acide lactique.

Les sels minéraux. — Le lait calciné laisse de 0,6 à 0,8 0/0 de cendres, dont la composition est analogue à celle des cendres de tous les tissus vivants.

Les acides phosphorique et chlorhydrique y dominent à côté de bases comme la chaux, la magnésie, la potasse, la soude, l'oxyde de fer et l'alumine.

On est assuré de l'existence colloïdale de phosphates tribasiques de chaux et de magnésie que le lait laisse déposer spontanément. Une proportion des mêmes phosphates est solubilisée, car on les retrouve dans le sérum limpide surmontant ce dépôt. Enfin, un tiers de ces cendres est formé par du chlorure de sodium, les phosphates constituant les deux autres tiers.

Acidité du Lait.

Le lait est nettement acide au sortir du pis de la vache ; il contient naturellement un excès d'acide citrique libre : acide organique brûlé pendant la préparation des cendres. De plus la caséine a elle aussi une réaction acide.

L'activité des ferments lactiques provoque dans le lait une seconde acidité, dite *acidité acquise*, qui vient s'ajouter à *l'acidité naturelle* et fait croître ainsi *l'acidité totale* avec le temps.

II.

Analyse et Contrôle du Lait.

Pour étudier une matière on en prélève une faible partie que l'on suppose représenter la composition moyenne de l'ensemble.

La prise de cet *échantillon moyen*, dans les laits, est très délicate, car, après une minute de repos, les couches inférieures y sont déjà appauvries en matière grasse.

Il faudra donc toujours prélever l'échantillon sitôt après que le lait a été bien mélangé par une agitation douce, mais suffisante et faite, autant que possible, dans le sens vertical. Cette recommandation s'applique, bien entendu, chaque fois que l'on prend une partie de l'échantillon, en vue d'un dosage spécial.

Les échantillons, dont l'analyse ne peut être faite dans la journée, seront conservés avec quelques gouttes de formol, ou quelques grains de bichromate de potasse, ou encore avec une solution chromo-ammoniacale.

Les principes utiles du lait ne sont pas volatils, *l'extrait sec* les contient tous et nous renseigne sur la richesse d'un lait.

La matière grasse, ayant une valeur alimentaire et commerciale bien supérieure aux autres principes, doit être évaluée à part. Dans beaucoup de laiteries on paye simplement les laits à leur richesse en beurre. Il semblerait plus juste, même dans ce cas, de ne pas oublier la valeur des sous-produits, tels que la *caséine* et le *lactose*.

Dans d'autres exploitations, la *caséine* industrielle et surtout alimentaire (production fromagère) prend une importance économique quelquefois supérieure à celle du beurre.

La valeur du *lactose* n'est pas non plus négligeable dans l'engraissement des porcs, par exemple.

Le contrôle dans les laiteries et dans les exploitations en vue de la sélection des animaux, devrait, théoriquement, faire une part proportionnelle à la valeur respective de tous les principes du lait. On conçoit que dans la pratique un tel travail soit presque impossible. Aussi, se contente-t-on généralement d'acheter le lait au litre ou au poids, et compare-t-on aussi la valeur laitière des animaux d'après la quantité de liquide fournie.

Cependant beaucoup de marchés se font déjà d'après la teneur en matière grasse de même que, dans beaucoup d'exploitations, on mesure la richesse en crème en vue de la sélection ; c'est là un progrès. Un très petit effort supplémentaire permettrait d'arriver à des résultats bien supérieurs.

Mesure de l'Extrait sec.

Nous sommes donc amenés naturellement à rechercher la valeur globale de l'extrait sec.

Méthode directe pondérale. — On peut obtenir directement l'extrait sec par le chauffage à l'air libre, mais cette opération est rendue très fastidieuse par la formation d'une pellicule. Pour la faciliter, on répand d'abord le lait sur des supports poreux, sable, ponce, kaolin, papier, dont le plus pratique, proposé par Duclaux, est un fragment d'éponge. Pour l'exactitude des résultats il est préférable, bien que le procédé soit fort long, d'opérer dans le vide au-dessus d'un déshydratant.

De toutes façons, pour les raisons exposées à propos des colloïdes, jamais les chiffres ne concordent entre les diverses méthodes. On comprendra, par exemple, qu'il est impossible que les résultats obtenus en partant du coagulum acétique soient les mêmes que ceux donnés par la dessication du produit naturel.

Méthodes indirectes utilisant les propriétés physiques. — Devant ces difficultés on a voulu trouver des relations entre la teneur en extrait d'un lait et l'une de ses propriétés physiques faciles à déterminer.

Donné a pensé, par exemple, que *l'opacité* d'un lait était fonction régulière de sa richesse et principalement de sa teneur en matière grasse. Son *lactoscope* mesure cette opacité et indiquerait d'après une graduation empirique la richesse du lait en graisse. Cet appareil n'a aucune valeur pratique.

On a voulu aussi se servir de la mesure de la *tension superficielle,* de la *viscosité* mais outre la délicatesse des observations imposées, trop de causes variables interviennent pour permettre une déduction sérieuse.

Ces difficultés ont provoqué depuis longtemps l'emploi d'une méthode détournée qui consiste à se servir de la *densité* et de la *richesse en matière grasse.* On tire de ces données, d'après une règle empirique, le poids d'extrait sec.

Ainsi les formules proposées par Fleischmann rendent d'excellents services. La suivante donne *le poids E d'extrait sec contenu dans 100 grammes de lait,* soit :

$$E = 1,2 \, B + 2,665 \, \frac{100 \, d - 100}{d}.$$

ou B = poids de matière grasse pour 100 gr. de lait.

7

d = poids du litre ou densité.

Son exactitude a été vérifiée pour des laits d'origine très différente.

Exemple : Le lait type du Conseil d'hygiène contient 4 gr. de matière grasse pour 100 gr. et a une densité de 1,033.

$$\text{E calculé} = 1,2 \times 4 + 2,665 \frac{100 \times 1,033 - 100}{1,033} = 13,31.$$

chiffre qui concorde avec l'expérience directe.

Si l'on veut se servir des chiffres du Gerber qui indique le poids B^1 de matière grasse au litre et des degrés densimétriques D, on obtient le poids E^1 *d'extrait sec au litre* d'après la formule : $E^1 = 12\,B^1 + \frac{8}{3}\,D$.

L'exemple précédent donne 137,5.

Prise de Densité.

Pour cette opération, on peut se servir d'une balance sensible ; on obtient ainsi des chiffres très exacts.

Dans la pratique on emploie des aréomètres spéciaux, appelés *lacto-densimètres*. Ces instruments laissent malheureusement beaucoup à désirer au point de vue de l'exactitude. Il faudrait pouvoir les contrôler. L'un d'eux, le thermo-lacto-densimètre de Dornic nous paraît très recommandable. Il est gradué soigneusement et est d'une manipulation commode.

La densité, qui est la seule indication physique précise, ne saurait pourtant, à elle seule, nous renseigner sur la valeur d'un lait. Par exemple il ne faudrait pas conclure au mouillage d'après cette seule donnée.

DOSAGES SPÉCIAUX.

Evaluation de la richesse beurrière.

L'emploi du *crémomètre* ne peut donner que des indications relatives, puisque la crème est une émulsion à richesse variable et que sa montée est plus ou moins rapide avec les différents laits, les conditions de température, etc.

Les éprouvettes, contenant le lait, sont abandonnées dans un endroit frais pendant vingt-quatre heures. Le contrôleur *Fjord* par la centrifugation conduit à ce résultat en quelques minutes ; mais ce procédé ajoute, aux défauts du crémomètre, les variations dues à une centrifugation dont la vitesse, la durée et la température changent d'une expérience à l'autre.

Ces différents appareils peuvent servir, à la rigueur, aux essais de sélection beurrière entre les animaux d'une même race, placés dans les mêmes conditions. Pour obtenir un résultat profitable, encore faut-il opérer les dosages dans des *limites d'expériences très étroites*.

Dosage de la Matière grasse.

On peut diviser en deux groupes les méthodes de dosage de la matière grasse : procédés industriels et procédés de laboratoire.

A. — *Procédés industriels.* — Pendant longtemps on n'a demandé aux déterminations industrielles que la simplicité et la rapidité de la technique ; on se souciait assez peu de la rigueur des résultats. Ainsi, les plus anciennes méthodes industrielles étaient basées sur un principe faux : celui de la dissolution et du partage, en proportion soi-disant déterminée de la matière grasse du lait, entre deux solvants.

La méthode proposée en 1854 par le pharmacien Marchand et préconisée jusqu'à ce jour, comme pratique et simple, devrait être pour cette seule raison complètement abandonnée.

On emploie de plus, dans le procédé de Marchand, des réactifs (éther et alcool) qui ne sont jamais exactement contrôlés dans la pratique et dont la variation de composition est une nouvelle cause d'erreur. Enfin, l'éther, par la très grande inflammabilité de sa vapeur, est un produit qu'il est prudent d'écarter de la ferme.

Sur un principe à peine différent fut établi le galactotimètre d'Adam. Mais, cet appareil, pour donner de bons résultats, nécessite l'évaporation d'éther et une pesée de précision qui le font rejeter de la pratique industrielle. Le laboratoire ne l'emploiera pas non plus, ayant des méthodes plus précises.

A l'heure actuelle, deux procédés nous paraissent recommandables tant par leur simplicité que par l'exactitude de leurs résultats. Tous les deux sont basés sur la séparation facile de la matière grasse lorsqu'on diminue la viscosité du liquide enveloppant, à l'aide de réactifs chimiques (alcalis ou acides).

Par la chaleur qui atténue encore la viscosité, par la centrifugation qui exalte la différence des densités, ou bien par ces deux moyens à la fois, on favorise la réunion des globules gras.

La matière grasse est rassemblée dans un tube gradué.

On suppose la densité de la matière grasse égale à 0,930, ce qui permet de passer de la graduation volumétrique au poids *en grammes par litre.*

La première méthode, connue en Allemagne sous le nom de *Rahmschen Verfahren : procédé à la crème,* a été simplifiée par Fouard.

L'appareil dit butyromètre est une ampoule de verre surmontée d'un tube gradué dans laquelle on introduit 20 cc de lait, puis 10 cc du mélange suivant :

50 gr. de potasse en plaque fondue dans 250 cc d'alcool à 95° ;

75 gr. d'alcool amylique ;

compléter à 500 cc par de l'ammoniaque pure.

On porte ensuite l'ampoule dans un bain-marie à 70-80° en agitant de temps en temps. Au bout d'un quart d'heure la caséine est dissoute et la matière grasse se sépare en une couche limpide. Dans les conditions de l'expérience elle n'est presque pas saponifiée. On ajoute de l'eau tiède pour la faire monter dans la partie graduée du tube ; on laisse reposer une demi-heure au moins, le butyromètre étant vertical, et on lit.

L'opération dure plus de temps qu'avec le procédé Marchand, mais elle donne des résultats très exacts.

Pour les laits de brebis, etc., très riches, prendre seulement 10 cc de lait, ajouter 10 cc d'eau puis les 10 cc du réactif. Après lecture, multiplier le nombre trouvé par 2.

Méthode acido-butyrométrique. — Le principe de cette méthode, dû à *Babcock*, consiste à détruire les matières albuminoïdes par l'acide sulfurique concentré. *Gerber* en a perfectionné la technique et en a répandu l'usage en Europe.

Dans un tube à réservoir surmonté d'une tige étroite et graduée on met :

11 cc de lait,
10 cc d'acide sulfurique à D = 1.82,
1 cc d'alcool amylique.

Le tube est fermé avec un bouchon spécial de caoutchouc, puis on l'agite vigoureusement et on le retourne lentement sur lui-même deux ou trois fois.

La chaleur dégagée par le mélange de l'acide et du lait favorise la dissolution de la caséine. En opérant assez rapidement, le tube reste à 60 ou 70°, après la disparition des flocons blancs de caséine.

Le tube est alors porté au Gerber

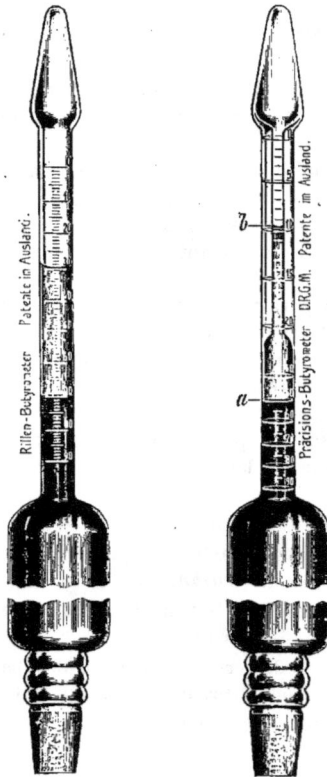

Tubes butyrométriques de Gerber
(grandeur naturelle).

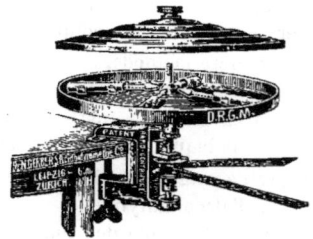

Centrifugeur de Gerber.

(appareil centrifuge) ; on place sa partie graduée vers l'axe de l'appareil. On centrifuge quatre à cinq minutes et on reporte les tubes, le bouchon dirigé en bas, au bain-marie à 60 ou 70°.

La lecture du volume butyreux se fait à chaud. Chacune des 90 divisions représente un gramme de graisse dans un litre de lait.

La méthode est simple, rapide, assez précise avec les laits entiers. C'est un type de méthode industrielle. Cependant, la manipulation de l'acide sulfurique demande quelques précautions. Ainsi faut-il toujours manier les tubes en les entourant d'un linge.

Si le bouchon n'est pas bien assujetti, la chaleur peut le faire sauter et l'expérience est à recommencer.

Une méthode sans acide et ne demandant pas une température élevée était donc à rechercher. Sichler et Gerber lui-même se sont attachés à ce problème et l'ont à peu près résolu. Tous deux remplacent l'acide sulfurique par un mélange d'alcalis et de sels alcalins. La conduite des opérations reste la même. Les chiffres correspondent à ceux de l'acidobutyrométrie et la méthode semble pratiquement avantageuse.

Lecture du volume de la matière grasse avec le butyromètre.

B. — *Méthodes de Laboratoire.* — Ces méthodes nécessitent une précision rigoureuse.

Le dosage de la matière grasse se fait, soit par dissolution directe dans le lait, soit par épuisement de l'extrait sec.

1° *Méthode par dissolution directe.* — Dans ce procédé, on ajoute au liquide lacté un ou plusieurs dissolvants de la matière grasse avec une petite quantité d'alcali nécessaire pour empêcher la caséine de floculer. Au repos, il se forme deux couches : l'une supérieure, limpide, est une solution de toute la matière grasse ; l'autre inférieure, opalescente, renferme tous les autres éléments du lait.

La mesure de la graisse se fait dès lors, soit en évaporant à sec (méthodes d'Adam et de Gottlieb-Rœse) ; soit par lecture du volume de la solution (méthode de Marchand et méthode volumétrique d'Adam) ; soit en prenant la densité de la couche éthéro-butyrique (méthode de Soxhlet) ; soit en prenant son indice de réfraction (méthode de Wollny).

a) *Dosage gravimétrique.* — Nous ne parlerons pas de la méthode gravimétrique d'Adam, qui est plus délicate que celle de Gottlieb et donne des résultats moins précis.

Méthode de Gottlieb-Rœse. — C'est évidemment le plus rigoureux de tous les procédés actuels.

Dans une longue éprouvette verticale fermée par un bouchon de verre, on introduit dans l'ordre :

10 gr. de lait ou 9 cc 7, si on le mesure en volume ;
1 cc d'ammoniaque forte ;
10 cc d'alcool 90-95 ; à ce moment, agiter fortement ;
25 cc d'éther sulfurique saturé d'eau, deuxième agitation ;
25 cc d'éther de pétrole, D = 0,650, troisième agitation.

On laisse reposer une heure ou deux.

La couche éthérobutyrique, limpide, se sépare très nettement. On peut, si l'éprouvette est graduée, à l'aide d'un robinet (Röhrig) ou d'un siphonnage, en enlever exactement la moitié qu'on reçoit dans une capsule tarée.

On peut aussi, d'après Hesse, siphonner d'abord la plus grande partie possible de la liqueur éthérée, et enlever le reste, sans cependant troubler la couche inférieure, en revenant à deux fois avec le mélange des éthers.

De toutes façons, on évapore la solution éthérée et on pèse le résidu gras.

La méthode, quoique simple et rapide, donne des résultats d'une concordance absolue. Entre des chimistes différents, les chiffres, pour un même échantillon, se retrouvent à 0,01 ou 0,015 % près. Quoique fournissant une graisse très pure, les résultats, pour les petits laits, sont plus élevés que dans les méthodes par épuisement de l'extrait sec. On a voulu expliquer ces faits en disant que la liqueur éthérée, étant chargée d'un peu d'alcool, dissolvait d'autres éléments. En opérant bien, cette légère cause d'erreur devient tout à fait négligeable.

Cette méthode est indispensable pour le dosage des petits laits, les beurres, et en général de tous les produits à faible teneur en matière grasse ou fortement émulsionnés.

Ainsi, elle peut donner des renseignements très précis dans l'examen des petits laits, en vue du contrôle du travail des *centrifuges*.

b) Méthode aréométrique de Soxhlet. — Dans la méthode de Soxhlet, qui date de 1879, on opère sur 200 cc de lait qu'on traite par une solution de potasse, puis par un volume déterminé d'éther. Après agitation et repos, on envoie la liqueur éthérobutyrique dans un tube vertical où l'on mesure sa densité à 17°5 avec un aréomètre sensible. Une table de correspondances permet de déduire, de l'augmentation de la densité, la richesse en matière grasse.

Cette méthode nécessite un volume considérable de lait, exige une main exercée, des conditions étroites de maniement. Elle est parfois impraticable. Cependant, lorsqu'elle marche bien, elle donne rapidement des résultats très exacts.

c) Méthode réfractométrique de Wollny. — Par une technique légèrement différente, Wollny a doté le laboratoire d'une méthode précise, rapide et bien plus pratique que celle de Soxhlet. De plus, sa méthode permet, comme celle de Gerber, de faire de très nombreuses analyses à la fois, mais elle est beaucoup plus précise et s'applique également à toute espèce de liquides lactés, riches ou pauvres.

Suivant l'exemple des stations de Halle et de Kiel, à l'étranger, elle tend à supplanter toutes les autres méthodes d'analyse dans les stations centrales.

Nous allons profiter de l'occasion qui nous est donnée pour indiquer, d'après Naumann, en même temps que la méthode, le fonctionnement d'un service qui fait par an plus de 25.000 dosages de matière grasse dans le lait.

La prise de l'échantillon a lieu une ou plusieurs fois par mois à la laiterie coopérative pour chaque sociétaire. Elle se fait dans la balance, au moment de la pesée du lait et, si le lait du sociétaire ne tient pas tout entier dans la balance, on prend des échantillons partiels dont le mélange fournira un échantillon moyen. On se sert, comme premiers récipients, de petits cylindres en fer blanc munis d'un couvercle métallique et numérotés qui ont chacun leur place dans une comporte.

Après la réception du lait, on prélève, sur chacun de ces échantillons, un volume déterminé du liquide sur lequel portera le dosage. Pour cela, on retourne doucement sur lui-même, 6 à 8 fois, le cylindre contenant l'échantillon et on prélève immédiatement, avec une pipette automatique, 30 cc de lait mesurés, autant que possible, à 17°5. On les introduit dans une fiole de verre de 50 cc environ, bouchée et marquée d'un trait de jauge à 30 cc et contenant 10 gouttes d'un liquide conservateur à base de bichromate ammoniacal.

Quand les flacons de Wollny ont reçu, soit en une fois, soit en plusieurs, les 30 cc, on les expédie au laboratoire central dans une caisse fermée à clé.

Là, dès la réception, on place ces flacons à une température voisine de 17°5 ; puis, à l'aide du trait marqué sur le flacon, on ramène. s'il y a lieu, le volume à 30 cc, soit avec un volume d'eau mesuré, soit en enlevant l'excès de liquide lacté. On note ces corrections pour en tenir compte dans le calcul final.

Si on a conservé, avec le bichromate ammoniacal, il faut acidifier avec douze gouttes d'acide acétique, puis agiter une ou deux minutes les flacons dans un appareil spécial.

On ramène à 17°5 et on ajoute 3 cc d'une lessive alcaline. Cette lessive, qui a pour but de dissoudre la caséine et de détruire l'émulsion, doit être préparée quelques jours à l'avance, d'après des indications qu'il faut suivre exactement, car une lessive trop riche en alcali donnerait des nombres faibles et une lessive pas assez riche des nombres trop forts.

Neumann indique : dissoudre 800 grammes de potasse en plaques dans un peu d'eau ; après refroidissement, on ajoute : 600 grammes de glycérine, puis 200 grammes d'hydrate d'oxyde de cuivre pulvérulent. On complète à 3 litres.

La présence du cuivre est indispensable pour faire une bonne lecture de l'indice. On reporte à 17°5 et on ajoute 6 cc d'éther saturé d'eau et exactement mesurés à 17°5. Ensuite, on agite pendant 15 minutes.

Enfin la centrifugation au Gerber, pendant 3 minutes, sépare la couche éthéro-butyrique. Cette séparation est facilitée par le passage des flacons au bain-marie pendant 3 minutes et à la température de 17°5.

La solution éthéro-butyreuse est alors prête pour l'examen réfractométrique qui va donner le pourcentage en matière grasse, car l'indice de la solution augmente très vite avec sa richesse.

Cette méthode, très rigoureuse, ne vaut que par l'emploi du *réfractomètre d'Abbe*, qui permet, avec une seule goutte de liquide, de déterminer l'indice de réfraction.

La lecture de l'indice se fait directement. Grâce à un dispositif ingénieux, la température est très fixe et ses faibles variations autour de 17°3 sont corrigées immédiatement par la lecture du thermomètre spécial de Wollny.

Cette méthode, très propre, très élégante, s'applique également bien aux analyses en masse de tous les liquides lactés, quoiqu'elle donne des chiffres très légèrement bas, pour les produits pauvres en beurre et même quelquefois pour les laits complets.

Là où le trop grand nombre des analyses de laits pauvres empêche l'emploi du procédé de Gottlieb, elle doit remplacer le *Gerber* ou le *Laktokrit de Laval* dont les indications sont illusoires pour les produits contenant moins de 0,10 % de matière grasse.

2° *Méthodes par épuisement de l'extrait sec ou du caagulum acétique*. — La vieille méthode de Boussingault consistant à épuiser l'extrait sec obtenu par l'éther et à peser la matière grasse, après évaporation du solvant, a été remaniée, perfectionnée par de nombreux chimistes, Soxhlet, Houzeau, Lezé, Adams, Duclaux, etc.

Son emploi est encore rendu difficile :

1° Par la difficulté d'obtenir un extrait bien sec ;

2° Par le fait que la masse de caséine et de sucre protège toujours les très petits globules gras contre le solvant. On est ainsi en déficit de graisse et en gain d'extrait dégraissé.

M. Girard, directeur du Laboratoire municipal, a proposé une autre méthode. On traite sur un

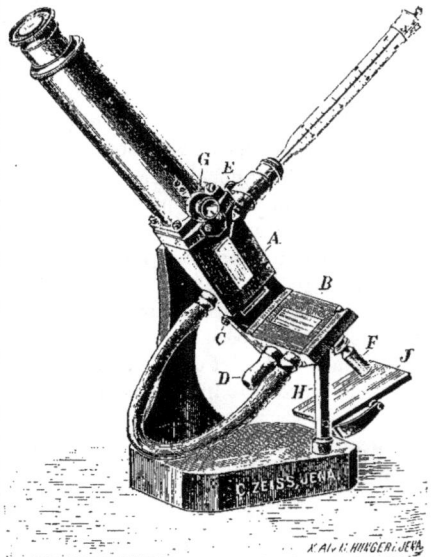

Butyrofractomètre.
(Méthode de Wollny).

filtre, à la température ordinaire, le lait par de l'acide acétique étendu. Le coagulum qui se forme englobe toute la matière grasse ; on l'égoutte ou la sèche, et on l'épuise comme précédemment. MM. Bordas et Touplain ont modifié ce procédé en appliquant la force centrifuge à la sépation du caillé et en provoquant sa dessication rapide. Nous décrirons, à propos de l'analyse complète du lait, ce procédé de dosage.

Comparaison des méthodes de laboratoire.

Les méthodes par extraction directe, simples et rapides, ont de plus l'avantage de donner un liquide éthéré, qui renferme toute la matière grasse.

Mais on peut leur faire un reproche général, celui d'obliger, pour obtenir la dissolution de la graisse par le liquide éthéré, à opérer en milieu légèrement alcalin. Or, quelles que soient les précautions prises, cette condition provoque toujours une légère saponification.

A ce point de vue, la méthode d'Adam est à rejeter, et celle de Gottlieb est la seule où les précautions soient telles qu'on peut dire que la saponification y est nulle.

Dans la méthode de Wollny, si on ne suit pas de très près la technique indiquée, le degré de saponification est modifié et on obtient des résultats trop faibles ou trop forts.

On constate aussi que le liquide butyreux tient en solution d'autres produits que la graisse. Ici encore, l'emploi de l'éther de pétrole et d'une très petite quantité d'alcool met la méthode de *Gottlieb* à l'abri des critiques.

Des méthodes de *Marchand* et d'*Adam*, nous ne parlerons plus. Quant à celle de Soxhlet, elle doit faire place aux procédés de Wollny et de Gottlieb.

Le *Gottlieb*, par sa haute précision, est indispensable dans l'analyse des produits pauvres. Il ne se prête malheureusement pas à l'analyse simultanée de nombreux échantillons.

Au contraire, la méthode *réfractométrique* sera préférée à toute autre dans les stations expérimentales. L'outillage, l'habileté des opérateurs et la quantité des analyses permettent de serrer de très près la technique et de faire rendre, à cette méthode, toute la rapidité et la précision qui lui sont propres.

Dans les méthodes par épuisement de l'extrait, nous n'avons pas à craindre de saponification. Cependant, l'extrême lenteur de la dessication (12 heures) et de l'épuisement (12 heures) les rendent fort peu économiques.

Les méthodes qui consistent à opérer sur le coagulum acétique abrègent ces opérations, mais elles ne sont pas arrivées à éviter une deuxième et très importante critique, celle de l'enrobage des petits globules gras. Aussi, ces méthodes, excellentes pour l'analyse des laits entiers, deviennent souvent illusoires dans le cas des liquides lactés pauvres.

Choix d'une Méthode industrielle.

Nous avons vu que l'emploi du crémomètre peut donner, dans quelques cas, des indications utiles. On peut d'ailleurs se créer facilement et à bon compte le matériel nécessaire.

Dès que l'on a un certain nombre de laits à comparer au point de vue beurrier et s'ils sont d'origines différentes, il faut doser la matière grasse.

On emploiera alors le procédé de Fouard si l'on a relativement peu d'essais à faire et celui de Gerber dans le cas contraire.

Le Gerber est, par exemple, indispensable dans les laiteries coopératives ; souhaitons que son emploi se généralise tout à fait.

Dosage de l'acidité.

Qu'il nous suffise de rappeler l'importance du rôle joué par l'acidité des

laits et des crèmes dans la technique fromagère ou beurrière pour montrer que la mesure de cette acidité s'impose souvent au cultivateur soigneux. Ce dosage est d'ailleurs si facile, qu'il est coupable de le négliger comme on le fait si souvent.

M. Dornic a proposé le procédé suivant » : On opère sur 10 cc de lait pipetés dans un verre, auxquels on ajoute quelques gouttes d'une solution incolore de phtaléine du phénol. Le verre est mis sous une burette spéciale, graduée, et contenant une lessive alcaline (à 4 gr. 445 de soude par litre.)

On laisse écouler doucement l'alcali dans le lait jusqu'à ce que le mélange qu'on agite devienne légèrement rose. Alors, la neutralisation est obtenue et l'on lit sur la burette le volume d'alcali écoulé. Chacune des divisions lues correspond à 1 mmgr d'acide dans les 10 cc de lait ou à *1 degré Dornic*.

Ainsi un lait normal marquera au sortir du pis 18° environ; une crème devra indiquer 65° au moment du barattage pour donner un beurre bon goût et se conservant bien.

Les dosages du lactose, de la caséine et des sels nécessitant un outillage de chimiste assez complet, nous les rappellerons brièvement à propos de l'analyse complète des laits par la méthode de MM. Bordas et Touplain.

Analyse complète du lait d'après la méthode de MM. Bordas et Touplain.

Duclaux avait donné une méthode générale d'analyse des laits assez précise, mais un peu longue. MM. Bordas et Touplain ont proposé une élégante méthode qui vient d'être adoptée par le Comité consultatif des fraudes pour servir à l'examen des laits saisis par le service des fraudes.

Le principe consiste à précipiter les albuminoïdes par de l'alcool acidifié, le coagulum formé englobe la matière grasse.

On le sépare du sérum par une série de centrifugations suivies de décantation et de lavages.

On dose dans le lactosérum le sucre et dans le coagulum le beurre et la caséine.

Les cendres sont pesées dans une opération spéciale.

Technique opératoire. — Dans le tube taré d'un centrifugeur spécial on place 25 cc d'alcool acétique (alcool à 65° renfermant un millième d'acide acétique cristallisable). On y verse goutte à goutte 10 cc de lait à l'aide d'une pipette à robinet en ayant soin d'éviter de remuer le mélange.

Chaque goutte de lait tombant dans le réactif forme immédiatement un coagulum de caséine renfermant la matière grasse.

Tube taré montrant le coagulum acétique. (Méthode Bordas).

L'addition du lait étant finie, le coagulum est au fond du tube, on centrifuge une minute, puis on agite légèrement en fermant le tube pour rendre le liquide homogène et l'on centrifuge de nouveau, mais cette fois 15 minutes au moins. On décante alors le liquide limpide dans une fiole jaugée de 100 cc.

On lave ensuite, en le délayant avec un petit agitateur, le coagulum avec de l'alcool à 50-55° pour éviter d'entraîner de la matière grasse. On centrifuge 10 minutes, puis on décante le liquide dans la fiole graduée et on complète à 100 cc en y ajoutant de l'eau distillée.

Dosage du lactose. — Le lactoserum ainsi séparé du coagulum renferme tout le lactose et les cendres solubles.

On y dose le lactose en se servant de la propriété qu'il a de réduire la liqueur de Fehling. Cette liqueur a une cou-

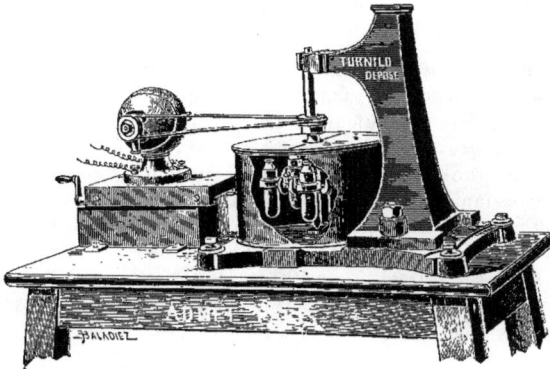

Centrifugeur électrique à grande vitesse.
(Méthode du Dᵣ Bordas).

leur bleue intense due au cuivre peroxydé qu'elle contient ; le sucre prend une partie de l'oxygène uni au cuivre ce qui décolore la liqueur.

20 cc. du liquide cuprique, correspondant à 0 gr. 0675 du lactose hydraté, sont placés dans un petit ballon ; on porte à l'ébullition. Alors on y laisse tomber peu à peu la liqueur sucrée qui a été placée dans une burette graduée, jusqu'à ce que la couleur bleue disparaisse.

Le volume introduit contenait donc 0 gr. 0675 de lactose hydraté. On lit ce volume et à l'aide d'une règle de 3 on calcule la quantité de lactose existant dans 10 cc. ou 1 litre de lait.

Dosage de la matière grasse et de la caséine. — Le coagulum resté dans le tube est délayé avec l'agitateur en présence d'un mélange de 10 cc. d'alcool pur et de 20 cc. d'éther. Puis on centrifuge 10 minutes et on décante dans un flacon taré. On reprend par 20 cc. d'éther pur, on centrifuge ensuite et on décante dans le ballon taré.

On enlève ainsi la matière grasse. Il ne reste qu'à évaporer sa solution à l'aide de la chaleur et d'un courant d'air pour la peser par différence.

La masse de caséine restée dans le tube est desséchée après avoir été divisée, puis pesée par différence, le tube à centrifuger ayant été taré primitivement avec son agitateur.

On réduit en *caséine véritable* en multipliant le poids trouvé par 0,925.

A ce procédé général il faut joindre la pesée des cendres, la prise de densité et la mesure de l'acidité.

A l'aide d'une formule comme celle de Fleischmann, ayant la matière grasse et la densité, on déterminera par le calcul l'extrait sec que l'on n'a pas pu obtenir directement.

Cette donnée permettra de contrôler les résultats de l'expérience, de *fermer* son analyse dans le cas d'un lait normal ; mais dans la plupart des pro· duits fraudés la somme des constituants trouvée expérimentalement et l'extrait calculé ne concorderont pas.

Pour conclure qu'il nous soit permis de rappeler que les procédés de dosage ne valent que par la technique qu'on y utilise et que si les nombres ne concordent pas toujours entre eux cela tient surtout, dans le cas de méthodes éprouvées, aux chimistes qui les emploient.

Une autre cause de ces différences vient de ce qu'on rapporte les nombres trouvés tantôt au litre, tantôt au kilogr. En général on préfère mesurer des volumes que des poids, mais alors il faut toujours dans les calculs revenir aux poids en se servant de la densité du lait.

Ainsi comprises, nos méthodes actuelles sont réellement très précises, souvent aussi très simples, et on doit désirer les voir plus fréquemment guider les opérations de la technologie agricole ou celles de la sélection du bétail.

Conférences de Microbiologie [1]

Par M. Pierre Mazé,

Chef du Laboratoire de Chimie et de Microbiologie agricoles à l'Institut Pasteur.

Les Ferments de la Laiterie

I.

Les microbes.

Les microbes sont, comme leur nom l'indique, des êtres vivants invisibles à l'œil nu. Pour les voir, il faut donc se servir du microscope. Grossie mille fois, une bactérie qui a un millième de millimètre de longueur, 1 micron, comme disent les physiciens, et 0,2 micron de largeur, apparait donc comme un bâtonnet de 1 millimètre de long sur 0,2 millimètre de large.

[1] Pour donner à l'auditoire une notion précise des faits exposés dans ces conférences, on a mis à contribution tous les éléments de démonstration (cultures, préparations, vues microscopiques) dont dispose le laboratoire de chimie agricole de l'Institut Pasteur.

On a fait, en même temps, un grand nombre d'ensemencements de contrôle des beurres, afin de familiariser les praticiens avec une méthode qui est en somme à la portée de tout le monde.

Si le microbe possède une forme sphérique, avec un diamètre égal à
1 micron, il faut en placer 1,000 les uns à côté des autres pour couvrir
1 millimètre ; on peut donc disposer 1 million de ces microbes sur 1 millimètre carré de surface, et 1 milliard dans un millimètre cube ; mais ce
sont déjà là des microbes volumineux ; il y en a dont la petitesse défie les
plus forts grossissements que peut fournir le microscope ; ceux-là reste-
ront donc toujours invisibles ; leur exiguïté ne les empêche pas de se
nourrir, de se reproduire, d'être le siège des transformations chimiques
variées qui accompagnent la vie.

Ce sont surtout ces transformations qui nous intéressent ; si on se place
au point de vue utilitaire, on peut affirmer qu'aucune d'elles ne nous laisse
indifférents ; elles nous sont nuisibles quelquefois, mais souvent elles nous
rendent les plus grands services.

Les microbes qui assurent la destruction de la matière organique à la
surface du sol pour en tirer les éléments nécessaires à l'alimentation des
végétaux supérieurs sont utiles. Ceux qui produisent de l'alcool aux
dépens du sucre et président à la préparation des boissons fermentées
nous sont indispensables. Les bactéries qui solubilisent la pâte des fromages, celles qui donnent son arome et sa saveur au beurre sont recher-
chées dans l'industrie laitière.

Les bactéries qui deviennent nos parasites et mettent nos jours en
danger nous intéressent aussi, mais évidemment à un point de vue différent.

Le rôle de la bactériologie consiste à étudier toutes ces transformations,
à favoriser les unes et à combattre les autres.

La méthode qu'elle met en œuvre est simple ; elle a pour but de séparer
les diverses espèces qui se rencontrent le plus souvent associées dans la
nature, afin d'étudier les propriétés de chacune, d'exalter ses fonctions
utiles, d'atténuer celles qui sont nuisibles, en un mot, d'en tirer le meilleur
parti. On se sert pour cela de champs de cultures, absolument comme le
jardinier ou le cultivateur ; mais ces champs ne sont pas étendus ; ils sont
fabriqués de toutes pièces ; ils consistent simplement en des tubes de
verre bouchés avec des tampons de coton destinés à arrêter les germes
de l'air.

On y introduit des liquides appropriés (bouillons de culture renfermant
des aliments convenables), quelquefois solidifiés par addition de gélatine
ou de gelée végétale (gélose). Chacun des tubes que vous avez sous les
yeux représente un de ces champs de culture. Ceux qui renferment de la
gélose portent des végétations variées qui constituent les cultures formées
de milliards et de milliards de microbes.

Quelques-uns de ces tubes portent des taches circulaires ; ce sont des
colonies formées par l'agglomération des microbes issus d'un germe tombé
en ce point. Si on prend au moyen d'un fil métallique passé dans la flamme
d'un brûleur ou d'une lampe à alcool pour le débarrasser des germes qu'il

a pu recueillir dans l'air, quelques millions de ces germes appartenant à une même colonie pour les transporter dans un milieu stérile c'est-à-dire privé de tout microbe par un chauffage de quelques minutes à 120°, on fait ce qu'on appelle une culture pure parce que tous ces germes appartiennent nécessairement à la même espèce. Ces cultures pures se prêtent très bien à l'étude des transformations chimiques que les microbes réalisent dans les milieux nutritifs où ils se développent.

Les transformations qui nous intéressent le plus portent sur les matières albuminoïdes et les matières hydrocarbonées (celluloses, amidons, sucres).

Tous les microbes s'attaquent à quelques représentants de ces deux catégories de corps. Mais dans l'ensemble des modifications qu'ils produisent, il y en a toujours une qui prédomine et qui donne sa caractéristique à la fermentation. Il y a des microbes qui sont des ferments alcooliques, d'autres sont des ferments lactiques, d'autres des ferments acétiques. Vous connaissez toutes ces fermentations, qui portent plus ou moins directement sur les sucres ; vous connaissez aussi les fermentations putrides, les fermentations qui président à l'affinage des fromages ; ces fermentations se font aux dépens des matières azotées (viande, sang, caséine).

Considérées dans leur rapport avec les microbes qui les produisent, ces transformations sont des actes de digestion ; les produits de fermentation sont des produits de digestion ; si l'alcool, l'acide lactique, l'acide acétique s'accumulent dans les milieux en voie de fermentation, c'est parce que les ferments ne peuvent les utiliser à mesure qu'ils les produisent ; quand nous leur demandons de faire pour nous ce travail de digestion, nous nous arrangeons en somme pour réduire la série des actes digestifs qui s'opèrent dans le tube intestinal ou dans les profondeurs de l'organisme, parce que les microbes, du moins ceux que nous exploitons dans ce but, agissent sur leurs aliments, qui sont aussi les nôtres, de la même façon que nous et par les mêmes diastases.

Voilà une conclusion qui vous paraît neuve sans doute ; mais en y réfléchissant un peu vous admettrez facilement que chacun de nous la mettait en pratique, et que les bactériologistes viennent de confirmer hier seulement ce que l'observation empirique a établi depuis un temps immémorial.

Ce n'est pas tout ; les microbes produisent, à côté de ces corps qui forment le gros de la fermentation, des substances sapides ou odorantes qui constituent la saveur et les bouquets des denrées alimentaires soumises à leurs actions, et c'est certainement l'industrie laitière qui leur demande le plus de services dans cet ordre de faits, comme c'est elle aussi qui utilise le plus grand nombre d'espèces de ferments, ainsi que nous allons le voir.

II.

Les microbes du lait.

Le lait renferme deux substances éminemment fermentescibles : le sucre de lait et la caséine.

On peut donc prévoir, d'après ce que je viens de dire, que la plupart des microbes peuvent se développer dans le lait, puisqu'il renferme les deux aliments qui leur conviennent le mieux. Pratiquement il n'en est pas ainsi, parce que dans la concurrence vitale qui s'établit dès la traite même, entre les diverses espèces que le lait peut recueillir, la plupart sont éliminées ou tout au moins arrêtées dans leur développement. Ce sont surtout les ferments acidifiants qui opèrent cette sélection sévère ; très prolifiques, très rustiques aussi, ces ferments prennent le pas sur les autres, favorisés surtout par la présence du sucre du lait qu'ils transforment en acide lactique ; c'est pour cette raison d'ailleurs qu'on les désigne sous le nom de ferments lactiques (v. pl. I).

Le lait abandonné à lui-même devient donc le siège d'une fermentation lactique ; son acidité augmente rapidement ; sous l'influence de cette acidité, la caséine semble d'abord devenir plus fluide, puis elle présente une teinte bleutée et se prend enfin en une masse friable facile à diviser par agitation ; le lait se caille ainsi spontanément quand il renferme environ 5 à 6 grammes d'acide lactique par litre ; mais les ferments lactiques continuent leur travail et ne s'arrêtent que lorsque la richesse du lait en acide lactique atteint environ 13 grammes par litre. La caséine conserve alors son aspect blanc nacré pendant plusieurs jours ; elle la conserverait indéfiniment si rien ne venait détruire l'acide lactique formé, car les ferments qui transforment la caséine restent inactifs en présence d'une dose aussi élevée d'acide lactique ; les ferments acidifiants protègent donc la caséine contre l'action des microbes et la mettent en particulier à l'abri des ferments de la putréfaction.

Mais il existe toute une catégorie de microbes qui recherchent au contraire les milieux acides. Le lait renferme aussi, dès l'origine, quelques germes de ces microbes. Moins prolifiques que les ferments lactiques, ils les suivent dans leur développement ; ils sont ainsi comme les compagnons naturels et obligés des ferments lactiques.

Le lait caillé spontanément se recouvre d'une pellicule grasse qui s'épaissit rapidement. Examinée au microscope, cette pellicule se compose de champignons variés ; on distingue d'abord des tubes cloisonnés (mycélium d'oïdium), des cellules rondes, elliptiques de dimensions diverses (levures, mycodermes, torula.) (Voir planche II.)

Toute cette végétation nouvelle va se nourrir aux dépens des constituants du lait caillé ; et comme elle se maintient à la surface du liquide en rapport étroit avec l'oxgène de l'air, elle va transformer surtout l'acide lactique et le sucre de lait en acide carbonique et en eau, en leur faisant subir une véritable combustion. Le sucre de lait disparaît ainsi entièrement, et avec lui naturellement l'acide lactique dont il constituait la source presque exclusive.

A partir de ce moment, le tableau change ; c'est la caséine qui va être attaquée très activement. L'attaque débute par une liquéfaction rapide ; le lait devient translucide; la caséine a subi une véritable digestion sous l'influence des diastases que les champignons et les ferments lactiques avaient accumulées dans le liquide sans produire de modifications sensibles, parce que le lait était acide. Mais la fermentation de la caséine est accompagnée d'un dégagement abondant d'ammoniaque qui rend le milieu alcalin et prépare ainsi l'éclosion d'une nouvelle catégorie de ferments, ceux de la caséine (planche I).

Ces ferments vont se développer à leur tour, et à partir de ce moment, la putréfaction marche bon train; le lait devient de plus en plus alcalin et de plus en plus désagréablement odorant; ces fermentations se poursuivent jusqu'à ce qu'il ne reste plus que quelques rares substances inattaquables par les ferments de la putréfaction.

III.

Ferments industriels.

Nous voici fixés sur les innombrables espèces de ferments avec lesquels le fabricant de beurre ou le fromager se trouvent aux prises. Il y en a qui sont utiles; mais ceux qui sont nuisibles sont de beaucoup les plus nombreux. On conçoit que le rôle de l'industriel consiste surtout à favoriser les premiers au détriment des seconds.

Pour mener à bonne fin sa besogne délicate, il trouve dans les ferments lactiques des auxiliaires extrêmement précieux.

Ce sont eux les agents de la fermentation de la crème à laquelle ils donnent la saveur et l'arome bien connus.

Ils ne sont pas moins indispensables à la préparation des caillés de fromagerie; comme je l'ai déjà dit, ils mettent la caséine à l'abri des fermentations putrides en la protégeant par l'acidification rapide du caillé. Le fromager peut ainsi procéder à toutes les opérations de la fabrication des fromages sans courir le risque de voir sa matière première s'altérer au point de devenir inutilisable.

L'action des ferments lactiques ne se limite pas à ce rôle de protection; ils développent dans le caillé des fromageries la même saveur et le même arome que dans la crème, et ce sont ces qualités gustatives que le consommateur recherche aussi dans les fromages; on sait cependant que les fromages présentent les goûts les plus variés aussi bien d'ailleurs que les parfums les plus divers; on sait également que ces saveurs spéciales en odeurs caractéristiques des diverses variétés sont dues à des fermentations.

Mais malgré toute la vigueur avec laquelle elles se révèlent parfois à l'odorat, elles ne jouent qu'un rôle effacé vis-à-vis de la fermentation lactique, dont elles doivent respecter les effets, en ce qui concerne les qualités gustatives que vous connaissez. Derrière ces odeurs violentes parfois, après la saveur spécifique de chaque variété de fromages, le consommateur expérimenté recherche le goût de noisette que laisse toujours

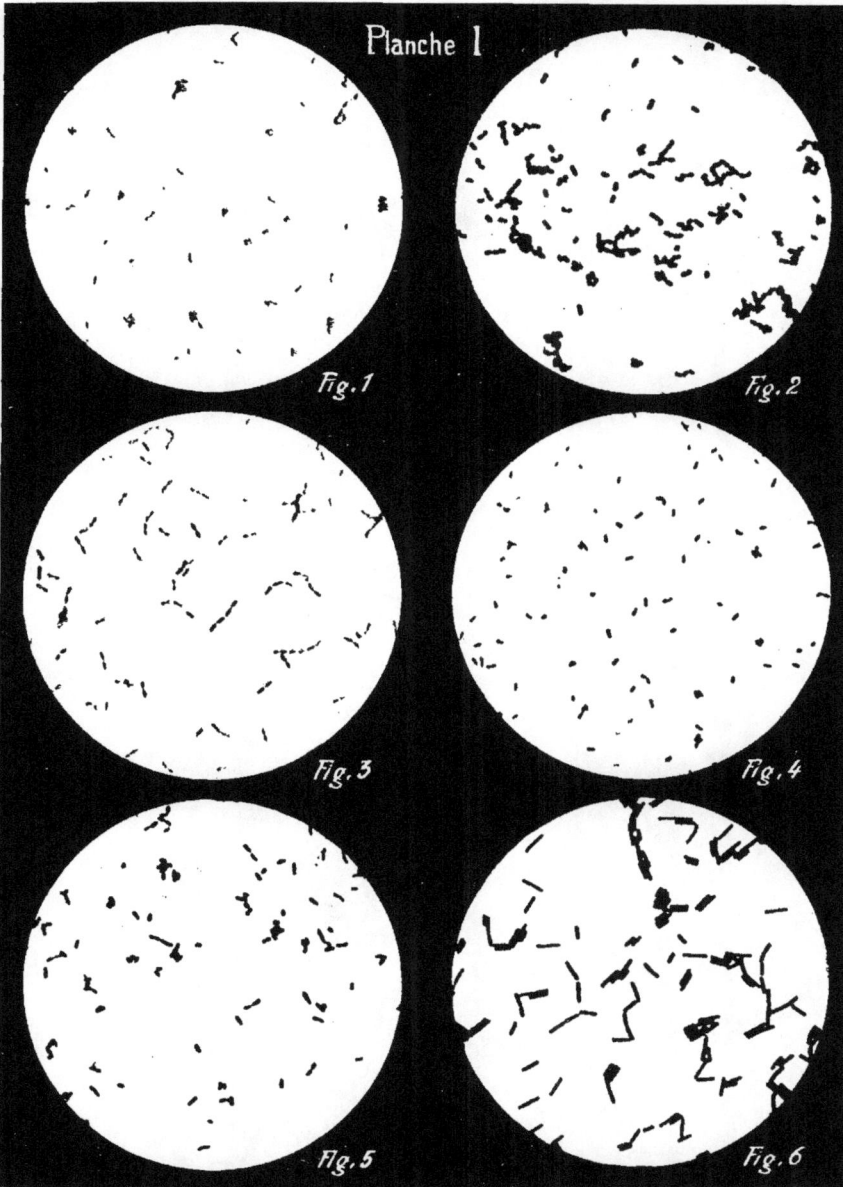

Planche I

Fig. 1 — Fig. 2 — Fig. 3 — Fig. 4 — Fig. 5 — Fig. 6

Microbes grossis 1000 fois en diamètre

Nos 1, 2 et 3. — **Ferments lactiques.** — Préparations faites avec des cultures réalisées dans du lait.

Le n° 1 est un ferment à éléments fins, prédominant dans le beurre d'Isigny.

Le n° 3 est un ferment à gros éléments, celui qui est représenté dans la photographie a pour origine les beurres de Bretagne. Les ferments à gros éléments se rencontrent aussi dans les beurres des Charentes et de Danemark.

Le n° 2 est intermédiaire entre les deux précédents, on le rencontre dans les produits de toutes les régions.

Nos 4 et 5. — **Ferments de la caséine.** — Rouge du Brie et du Camembert.

N° 6. — **Tyrothrix.** — (Bacillus subtilis). — Cette photographie représente un échantillon de ce groupe très nombreux de microbes qui sont des ferments très actifs des matières azotées; ils produisent des spores qui résistent à l'action des températures élevées et rendent par cela même la stérilisation du lait difficile, surtout en été. Ils ne se développent pas dans les milieux acides, les ferments lactiques empêchent donc la pullulation de ces microbes dans le lait.

dans le caillé ou dans le beurre la fermentation lactique, si aucune fermentation nuisible ne vient le masquer.

Ce n'est pas tout ; dans une fabrication bien conduite, les ferments acidifiants sont les seuls qui prennent possession de la masse du caillé, à moins qu'on ne favorise spécialement la pénétration d'autres espèces, comme dans le roquefort et les fromages persillés. Les fermentations accessoires que le fromager développe suivant la variété de fromages qu'il se propose de fabriquer se produisent toujours à la surface du caillé et n'ont qu'une influence indirecte dans les transformations qui accompagnent l'affinage ; ces transformations consistent, on le sait, en une solubilisation partielle de la caséine, et ce sont encore les ferments lactiques qui en sont les agents les plus actifs.

On voit ainsi la place prépondérante, je devrais dire le rôle exclusif, que tiennent les ferments lactiques dans l'industrie du lait ; ils lui sont aussi utiles, aussi indispensables que les levures à l'industrie de l'alcool, et si on devait mettre en parallèle le rôle économique des deux catégories de ferments, je n'hésiterais pas à donner le pas aux ferments lactiques sur les levures.

Ces conclusions, dont l'importance grandira avec le temps, résultent des recherches que j'ai poursuivies à l'Institut Pasteur pendant plusieurs années, sur les ferments de la laiterie ; elles ont reçu depuis quelque temps déjà la consécration industrielle, car c'est bien entendu vers ce but que doivent tendre toutes les études de ce genre ; je dois dire, d'ailleurs, que j'ai toujours trouvé dans l'industrie l'accueil le plus cordial et une collaboration très active, car sans le concours des industriels il ne faut pas songer à mener à bonne fin de pareilles entreprises. Parmi ceux qui m'ont le plus secondé, je cite, avant tout, M. P. Guérault et M. Renard-Gillard, et MM. Baudoin, qui, par leur situation et leurs connaissances spéciales de l'industrie fromagère, m'ont rendu les plus grands services.

IV

Les ferments lactiques dans la beurrerie.

La crème fraîche retirée par centrifugation du lait immédiatement après la traite, barattée à sa sortie de l'écrémeuse, donne un beurre dépourvu d'arome et de saveur.

Le produit fabriqué suivant les procédés ordinaires doit donc son bouquet et son goût agréable à la fermentation dont le lait et la crème recueillie par écrémage spontané sont le siège. C'est un savant danois, Storch, qui a montré le premier que ce sont les ferments lactiques qui donnent au beurre ses qualités gustatives. Il a alors introduit dans l'industrie beurrière la pratique de la fermentation de la crème, et cette pratique a conduit peu à peu à l'emploi des cultures pures de ferments

8

lactiques pour l'acidification ou la maturation de la crème préalablement pasteurisée.

Malgré tous les efforts de l'industrie, les résultats laissent souvent à désirer ; dans leur ensemble ils sont cependant bien supérieurs à ceux qu'obtiennent les petits fermiers ; nous n'avons nulle difficulté à concevoir cet état de choses avec tout ce que nous savons maintenant des ferments du lait, mais il ne faut pas oublier qu'il y a encore des beurres fermiers qui se vendent bien plus cher que les meilleurs beurres d'industrie, ce qui prouve que si la petite production a tout intérêt à se grouper pour adopter plus facilement la méthode industrielle, la grande industrie a aussi quelque raison de regarder du côté de la fabrication fermière afin de découvrir les secrets de ses produits de choix. Ces produits sont rares, mais ils existent, et ils sortent de fermes bien connues ; ils atteignent régulièrement sur les marchés de Paris des prix qui laissent loin derrière eux ceux que réalisent les bons produits de l'industrie.

Cette constatation, qui est en opposition flagrante avec celle que je viens de faire pour la masse de la production fermière, n'a pas le droit de nous étonner non plus. Ce ne sont ni les industriels, ni les bactériologistes qui ont créé l'industrie beurrière ; elle existait avant eux, et, bien avant eux, quelques fermiers faisaient des beurres de toute première qualité, comme ils continueront d'en faire tout en les ignorant. C'est que la méthode empirique, qui a derrière elle des siècles d'expérience et d'observation, est parvenue, à force de soins, à réaliser des fermentations de la crème à peu près pures, dans une matière première qui n'a subi aucune altération. Voilà où réside la force des fermiers ; mais elle n'y est pas toute ; l'industrie réalise aussi quelquefois des fermentations pures, et cependant ses beurres ont moins de vogue ; est-ce parce qu'elle le produit en plus grande quantité ? il y a bien un peu de cela ; mais il y a autre chose que nous allons découvrir en suivant attentivement, avec les connaissances que nous avons maintenant, le fermier dans son travail.

V

Industrie fermière.

On a attribué la réputation des beurres normands aux qualités de la race laitière, à la richesse des pâturages, à la douceur du climat, etc. Il y a bien quelque part de vérité dans tout cela ; mais on ne peut pas se refuser à constater que tous ces facteurs agissent à peu près dans les mêmes conditions dans presque toute la Normandie, et que malgré cela, si l'on prend deux fermiers voisins des plaines d'Isigny ou de Carentan, on s'aperçoit quelquefois que, pendant que l'un vend son beurre à raison de 3 fr. le kilogr., l'autre en retire 6, 7 et quelquefois 8 fr. Bien entendu, le fabricant privilégié ne manque pas de rapporter à son habileté professionnelle et à ses secrets de fabrication les succès de sa marque, et en cela il a raison. Mais tous ses secrets se bornent aux précautions multiples qui lui permettent d'obtenir, je le répète, une fermentation lactique à peu près pure.

Le régime imposé au bétail normand est un facteur qui joue un rôle important dans le succès final. Les animaux qui vivent dans les pâturages ont rarement les mamelles souillées par les déjections et la litière ; la traite se fait donc dans des conditions de pureté satisfaisantes, si l'on pense surtout que la fermière normande jouit à ce point de vue d'une excellente renommée.

Le lait, transporté à la laiterie dans des cannes nettoyées à l'eau bouillante, est refroidi dans un courant d'eau dont la température ne dépasse pas 15°, même en été. C'est aussi la température de la laiterie en toute saison. L'écrémage spontané se fait donc dans d'excellentes conditions. Les vases réservés pour cet usage ne sont pas seulement lavés à l'eau bouillante, ils sont stérilisés à une température très élevée par un long séjour sur de la braise. Les mêmes coutumes existent aussi en Bretagne dans les fermes renommées pour la qualité de leur beurre. Ce sont là les principales précautions qui concourent à la réalisation d'une fermentation pure, car plus on élimine rigoureusement tous les ferments sans exception, plus on est assuré d'obtenir une fermentation lactique pure, parce que les ferments lactiques sont toujours les derniers à disparaître du lait, d'où on ne saurait d'ailleurs les éliminer complètement.

D'un autre côté, la température à peu près constante de la laiterie donne à la fermentation une régularité presque mathématique.

Mais jusqu'ici nous ne voyons pas apparaître la cause qui met les premières marques de beurre fermier au-dessus des beurres industriels. La voici : Nous savons que la caséine et le sucre de lait constituent les deux substances fermentescibles de la crème ; c'est aux dépens de ces deux corps que se forment les produits sapides et odorants que l'on recherche dans le beurre. La matière grasse ne doit subir aucune altération ; son rôle consiste à fixer les substances aromatiques qui prennent naissance sous l'influence de la fermentation lactique, absolument comme dans le procédé d'extraction des parfums par l'enfleurage.

L'écrémage spontané du lait se prête admirablement à ce travail de fixation. Les globules gras qui montent lentement à travers les couches du lait présentent dans toute la masse du liquide une surface de contact énorme avec les substances fermentescibles, grâce à laquelle ils entraînent en grande quantité tous les produits éthérés qu'ils rencontrent sur leur parcours.

Cette fermentation se poursuit et se complète après l'écrémage dans les terrines où l'on réunit la crème ; si le barattage se fait ensuite en temps opportun, c'est-à-dire toutes les 48 heures ou tous les trois jours, le beurre présente le maximum de qualités sur lesquelles on puisse compter. Voilà donc tous les secrets de la fabrication fermière.

VI

Fabrication industrielle.

La fabrication industrielle peut réaliser en principe toutes les conditions de température, de propreté, de pureté de fermentation que nous venons d'examiner ; dans la pratique, il n'en est jamais ainsi ; nous verrons pour quelles raisons. Mais elle ne peut pas faire porter la fermentation lactique sur la masse totale du lait : c'est là que réside son infériorité ; tout ce qu'elle peut faire, c'est de se rapprocher autant que possible des conditions de fermentation que réalise l'écrémage spontané, en conservant dans la crème une plus grande quantité de lait.

Cela lui permettra d'obtenir une crème qui renfermera 7 à 8 grammes d'acide lactique par litre, au lieu de 5 à 6, comme on le conseille ; avec une acidité de 5 à 6 grammes d'acide lactique par litre, ou de 56 à 60° si l'on préfère, le beurre manque généralement de goût et d'arome.

Par ailleurs, l'industrie se heurte, cela se conçoit, aux mêmes difficultés que la fabrication de ferme, accrues encore par le transport du lait ou de la crème à de longues distances.

L'industrie est pourtant mieux outillée pour vaincre ces difficultés, mais je dois déclarer tout de suite qu'il lui est impossible de rendre à un lait altéré ses qualités originelles. L'industriel, comme le fermier, doit donc éviter par tous les moyens les mauvaises fermentations qui précèdent la mise en œuvre du lait.

Cette condition peut paraître difficile à remplir ; rien n'est cependant plus facile à vérifier que le degré d'altération du lait ; il suffit d'en déterminer l'acidité ; si celle-ci est supérieure à 2 grammes d'acide lactique par litre, les fermentations sont déjà bien amorcées ; si elle dépasse 2 gr. 5, le lait est de mauvaise qualité : on ne voit pas bien pourquoi, si l'on se rappelle que cette acidification est l'œuvre des ferments lactiques ; mais il ne faut pas oublier que le lait ramassé, surtout, renferme une quantité énorme d'espèces microbiennes, dont les unes se développent tant que l'acidité n'est pas sensible, dont les autres, mieux adaptées aux milieux acides, partent dès que la fermentation lactique s'est bien déclarée.

Il s'agit donc d'arrêter, ou mieux de ralentir, autant que possible, la fermentation lactique, parce que si ce résultat est atteint, on aura en même temps empêché toutes les altérations dues aux autres espèces microbiennes.

La première précaution à prendre, c'est d'en introduire le moins possible dans le lait, en prenant les plus grands soins de propreté (on n'en saurait trop prendre). Nous voilà revenus à notre sujet favori ; j'insiste sur ce point, et si quelqu'un n'est pas convaincu de la valeur pratique de ce conseil, j'y reviendrai encore.

Les industries qui reposent sur le principe de la coopération peuvent faire beaucoup dans cette voie. Il suffit qu'elles exigent rigoureusement que le lait apporté à l'usine ne possède pas plus de 2 grammes d'acide lactique par litre ; on peut, pour certains jours exceptionnels, comme les jours d'orage où la température nocturne reste quelquefois supérieure à 25°, porter la limite de la tolérance à 2 gr. 5.

Que doit faire le fournisseur pour remplir cette condition ? Il doit refroidir le lait au-dessous de 15° en toute saison, immédiatement après la traite. Le contrôle de l'opération n'exige que l'usage du thermomètre.

Le lait qui ne renferme pas plus de 2 grammes d'acide lactique est un lait de bonne qualité ; cela ne veut pas dire qu'il donnera nécessairement un produit supérieur ; s'il n'a pas fermenté, ce n'est pas qu'il ne renferme point de microbes, c'est parce qu'on a empêché leur développement ; mais ce lait n'est pas altéré, et il sera facile de soumettre à une fermentation lactique pure la crème qui en proviendra en la pasteurisant et en l'ensemençant ensuite avec une culture pure de ferments lactiques.

La pasteurisation de la crème et la préparation des levains de ferments lactiques sont les deux opérations les plus délicates de la fabrication du beurre, et c'est parce qu'elles laissent toujours à désirer que les résultats sont rarement satisfaisants ; mais je dois dire à l'avantage des industriels qu'ils ne pèchent pas par manque de bonne volonté ; ils ne sont pas outillés pour conduire ces deux opérations d'une façon irréprochable.

Pour obtenir une bonne pasteurisation, il est nécessaire de maintenir la crème à une température de 70° pendant cinq minutes, de la refroidir à l'abri de l'air et de la conduire aux cuves de fermentation protégées aussi contre les germes de l'air, au moyen d'une canalisation fermée.

Ces conditions ne sont remplies nulle part ; il est donc inutile d'insister sur ce qui se fait, parce que tout se réduit à un simulacre de pasteurisation.

La préparation des levains est aussi très défectueuse, parce que les levains ne sont pas protégés non plus contre la contamination par les germes de l'air, ou par les imprudences ou les maladresses des ouvriers.

Dès le premier jour, la contamination commence son œuvre, et, bien entendu, elle ne fait que s'aggraver avec le temps, puisque les réensemencements de levain à levain entretiennent les mauvaises fermentations comme les bonnes.

Pour éviter ces inconvénients, on conseille de renouveler le levain tous les dix ou quinze jours ; mais, dès la première culture, on se heurte de nouveau aux mêmes obstacles, et l'on tourne indéfiniment dans le même cercle vicieux.

L'outillage destiné à assurer la pasteurisation et à permettre de réaliser *indéfiniment* la fermentation de la crème par les espèces de ferments lactiques les mieux appropriées est donc tout à fait insuffisant, et il n'a dû son adoption qu'à l'instruction incomplète de nos industriels, qui ne connaissent que peu ou point les exigences de leur industrie.

Il n'en résulte pas que l'application des méthodes scientifiques soit impossible ; au contraire. Toutes ces opérations entreprises avec un outillage bien compris, c'est-à-dire des pasteurisateurs qui pasteurisent, des cuves à levain, des cuves de fermentation qui placent le lait ou la crème à l'abri des germes de l'air, ne présentent aucune difficulté et doivent se faire d'une façon à peu près automatique. Il ne s'agit pas, en effet, dans tout ceci, d'opérations de laboratoire, comme on est trop souvent tenté de le supposer, et cela est fort heureux, car dans les laboratoires on n'a jamais fait de bonne bière, ni de bon vin, ni de bon beurre, ni de bon fromage. L'industrie en produit tous les jours ; quand elle sait ce qu'elle fait, quand elle voit où elle va, l'industrie en général ne connaît pas d'obstacles ; celle du lait, en particulier, du moins c'est mon opinion, est en passe d'acquérir cette sécurité dans ses méthodes, qui est le prélude d'un développement rapide.

V

Barattage et délaitage.

Ces deux opérations sont celles que l'industrie réussit le mieux ; elles relèvent en grande partie de la mécanique et n'exigent, pour être réalisées d'une façon irréprochable, que des conditions de température faciles à obtenir aussi dans la grande industrie.

Le danger vient de la mauvaise qualité des eaux employées au délaitage ; l'eau peut en effet apporter de mauvais ferments. On ne saurait donc se montrer trop difficile sur son choix ; il ne faut pas trop compter sur les garanties offertes par les filtres de sable ou les filtres à éponges ; ces filtres rendent des services lorsqu'il s'agit de clarifier les eaux ; mais ils n'arrêtent pas les microbes ; ils sont même dangereux lorsqu'il s'agit d'eaux de source ou de puits pauvres en bactéries.

Les seuls filtres capables de débarrasser les eaux des microbes qu'elles renferment sont les filtres Chamberland en biscuit de porcelaine ; ce sont aussi les seuls que l'on puisse recommander pour la filtration *des eaux douteuses destinées au lavage des beurres.*

VI.

Nettoyage et stérilisation des ustensiles.

Le nettoyage et la stérilisation des ustensiles exigent, dans l'industrie comme dans la fabrication de ferme, des soins minutieux. Rien n'est plus simple lorsqu'on dispose de la vapeur ; dans ces conditions, on stérilise tout à la vapeur ; et il faut bien se garder de compléter cette stérilisation par l'emploi d'antiseptiques ; les antiseptiques utilisés dans la désinfection des ustensiles de laiterie produisent souvent des accidents dans la fermentation ; quelquefois aussi ils donnent aux industriels une sécurité trompeuse ; ce sont des sublances qui n'ont aucun rôle utile à jouer dans la laiterie ; on peut donc s'en passer ; le lait de chaux ou le sulfate de cuivre conviennent pour le badigeonnage des murs ; ce sont les deux seuls antiseptiques dont je préconiserai l'emploi en laiterie.

On fait aussi un grand usage du carbonate de soude pour le nettoyage des ustensiles ; le carbonate de soude dissout la caséine et facilite par conséquent les opérations du lavage ; il présente l'inconvénient de rendre l'eau alcaline et de favoriser le développement des ferments de la caséine dans les eaux résiduaires dont il reste toujours de petites quantités sur les parois des vases. Les ustensiles lavés au carbonate de soude doivent donc être passés à grande eau avant d'être stérilisés à la vapeur, ou à défaut de vapeur, à l'eau bouillante.

Le sol de la laiterie doit enfin être lavé une fois par jour avec de l'eau aiguisée d'acide sulfurique, à raison de 2 grammes par litre.

VII.

Conclusions. — Contrôle bactériologique du beurre.

Il ressort du court exposé que je viens de faire que la fabrication du beurre présente bien des difficultés si l'on veut bien se donner la peine de préparer un produit de bonne qualité susceptible de se conserver longtemps.

Si on envisage les soins à donner au lait jusqu'au moment de sa mise en œuvre ; si on considère la pasteurisation de la crème, la préparation des levains ou la fermentation de la crème, on constate que ces diverses opérations sont conduites un peu au petit bonheur, alors qu'elles réclament impérieusement un outillage qui réponde aux indications fournies par la science.

Ce qui rend le travail ingrat, et jusqu'à un certain point déconcertant, c'est son insécurité.

Le fabricant marche en aveugle ; il ne connaît pas ses auxiliaires, les ferments lactiques ; il ne peut pas se renseigner sur la présence des mauvais ferments qu'il ne soupçonne même pas ; il attribue tous les accidents qu'il observe à des causes fictives, parce qu'il ne possède aucune donnée précise sur les causes nombreuses de contamination qui agissent autour de lui. Ce travers est bien naturel, d'ailleurs, d'accuser ce que l'on voit et de ne pas nourrir le moindre soupçon à l'égard des causes que l'on ne voit pas.

Pour familiariser les praticiens avec les ferments de la laiterie, et aussi pour mettre à leur disposition une méthode de contrôle facile et sûre, j'ai préconisé l'usage de tubes de culture préparés d'avance et prêts pour l'ensemencement. Ces tubes permettent de vérifier la pureté des levains, l'efficacité de la pasteurisation, la qualité des eaux au point de vue bactériologique.

L'ensemencement de ces tubes ne présente aucune difficulté, et les indications qu'on retire de cette épreuve sont des plus nettes, parce que les colonies de ferments lactiques se distinguent très facilement à l'œil nu de toutes celles qui produisent des ferments nuisibles du lait ou du beurre.

Une collection des ferments les plus fréquents dans le lait, préparée spécialement pour cet usage, guide l'industriel dans l'interprétation des résultats, et lui permet par conséquent de faire des contrôles fréquents sans avoir recours aux laboratoires de bactériologie.

Par ce procédé, il matérialise en quelque sorte l'existence des ferments et il décèle les véritables causes des nombreux accidents qu'il attribue d'ordinaire à toutes sortes de facteurs plus ou moins vraisemblables.

VIII.

Les ferments de la fromagerie.

J'ai exposé à grands traits dans le chapitre III les diverses fermentations qui s'accomplissent dans le fromage.

Je pourrais me borner à ces notions générales ; mais je dois préciser les conditions du travail du praticien et faire ressortir les avantages de l'application, à la fromagerie, des méthodes rationnelles qui sont employées aujourd'hui dans toutes les industries de fermentations.

Le fromage n'est autre chose que du lait caillé préparé de diverses manières et présenté sous des états variés.

L'état final dépend de la nature des fermentations qui s'y sont produites ou qu'on y a provoquées.

En ne tenant compte que de ces fermentations, le fromage le plus simple est le lait caillé.

Si on sépare le petit lait du caillé par égouttage spontané ou provoqué, on obtient les fromages frais (suisse, etc...).

Les fromages frais sont acides et renferment du sucre de lait; les coulommiers double-crème sont privés à peu près d'acide lactique et de sucre de lait par les champignons.

Les fromages affinés, de beaucoup les plus nombreux, sont caractérisés par la présence d'une quantité plus ou moins importante de caséine soluble ; ils exigent l'intervention des ferments de la caséine.

Le lait renferme, je le rappelle, tous ces ferments ; en principe, le fromager devrait donc se borner à suivre d'un œil attentif le développement des microbes, puisque les diverses catégories d'espèces interviennent dans un ordre immuable qui dépend de la composition même du lait. Il n'en est rien : les fermentations industrielles doivent être conduites avec soin, parce que les ferments les plus utiles peuvent devenir très nuisibles s'ils sont trop rares ou s'ils prennent une place trop importante.

Ce qui complique encore le rôle du fromager, c'est la présence constante de mauvais ferments.

Nous connaissons les moyens de se débarrasser de ces mauvais ferments ; ceux qui conviennent à l'industrie beurrière sont aussi ceux que la fromagerie doit employer, car pour atteindre le même but, il faut naturellement utiliser les mêmes procédés.

Mais il ne suffit pas, pour obtenir de bons résultats, de détruire les ferments nuisibles et d'ensemencer ensuite le lait avec des cultures pures de ferments appropriés ; il est nécessaire de prévenir toute altération du lait.

La pureté parfaite du lait est, dans la fromagerie comme dans la beurrerie, une condition essentielle de succès. Mais l'industrie s'est pliée avec résignation à une situation qu'elle considère comme normale, parce qu'elle a toujours existé ; elle réduit ou arrête sa fabrication en été à cause du mauvais état de la matière première, et même en hiver, elle considère qu'elle ne peut pas se proposer de fabriquer de produits aussi fins et aussi réguliers que les fermiers, et elle admet, parce qu'il en a toujours été ainsi, l'existence de deux catégories de fromages : les fromages médiocres ou laitiers et les fromages de première marque ou fermiers.

Cet état de choses tient surtout à ce que le fermier utilise le lait dès la traite, pendant que l'industriel est obligé d'aller à des distances considérables ramasser celui qui alimente son usine. Ce ramassage ne se fait qu'une fois par jour, de sorte que la moitié du lait mis en œuvre attend jusqu'à seize et dix-huit heures avant d'entrer à l'usine.

Sans doute on peut le soumettre à la pasteurisation, mais on ne lui rend pas ses qualités originelles s'il a déjà subi une fermentation avancée.

C'est cette fermentation qu'il faut empêcher ; nous connaissons aussi le moyen d'y parvenir, et je répéterai pour le fromager ce que j'ai dit au fabricant de beurre, sans crainte de tomber dans les répétitions : il faut exiger la réfrigération du lait en toute saison, immédiatement après la traite ; c'est le seul moyen d'éviter toute altération sensible du lait ; il sera facile ensuite de détruire par la pasteurisation tous les ferments nuisibles qu'il a recueillis : on obtiendra ainsi une matière première irréprochable capable de donner des produits aussi fins et plus que les produits fermiers, parce que l'industrie, je le répète aussi, qui sait ce qu'elle fait, qui voit où elle va, ne connaît pas d'obstacles.

Ce ne sont pas des pronostics que je fais ni des vœux que j'émets, je parle de faits réels et de résultats tangibles, publics, puisque les industriels que j'ai déjà cités livrent sur le marché les produits auxquels je fais allusion.

Bien entendu, il faut joindre aussi à des connaissances solides une grande habileté professionnelle ; le résultat ne dépendra plus alors que de l'organisation de l'usine.

L'habileté professionnelle est poussée à un degré de perfection admirable chez beaucoup de fromagers, et je ne saurais trop louer la finesse de leur esprit d'observation, car on peut affirmer hautement que les fromages de première qualité que l'on trouve sur les marchés représentent, parmi les résultats que la méthode empirique a obtenus dans les diverses branches des industries de fermentations, les plus parfaits que l'on puisse se proposer d'atteindre.

Malheureusement cet art ne se transmet pas, il reste le privilège d'une minorité qui peut s'estimer heureuse, et l'on constate même que ce privilège est si bien le fruit infécond de l'empirisme étroit, que le plus habile praticien, obligé d'abandonner l'usine où il réussissait, demeure souvent incapable de tirer parti ailleurs de son précieux savoir.

Ceci prouve combien l'industrie fromagère est délicate, et combien il est prudent de ne l'aborder qu'en connaissance de cause.

C'est que toutes les fermentations que nous avons passées brièvement en revue exigent des conditions de température, d'humidité, de milieu chimique très étroites qu'il faut savoir réaliser et diriger.

Nous connaissons aussi ces conditions-là, et nous pouvons affirmer aujourd'hui que, les ferments de la fromagerie étant connus avec toutes leurs exigences, l'industrie fromagère empirique, saisonnière, et par conséquent aléatoire, va disparaître ; elle cédera la place à une industrie puissante, prospère et permanente, qui disposera, au même degré que la brasserie par exemple, des moyens de se rendre indépendante des conditions extérieures qui ont toujours paralysé l'essor de son aînée.

J'ajouterai enfin, pour terminer, que la fromagerie est appelée à prendre un développement plus grand que la beurrerie, parce qu'elle constitue une industrie plus logique et plus productive que cette dernière

Ce n'est pas que la beurrerie ne soit une industrie intéressante, bien au contraire ; mais elle présente l'inconvénient de laisser comme résidu la caséine, qui constitue précisément l'élément le plus précieux du lait ; l'usage du beurre est entré dans les mœurs, parce qu'il représente la seule substance du lait qui puisse se préparer et se conserver facilement, tandis que la caséine est une matière putrescible, très difficile à conserver sous un état convenable ; mais aujourd'hui que le problème de la conservation de la caséine est résolu de la façon la plus élégante par les fromagers, on doit proclamer hautement ses qualités alimentaires.

Considérée au point de vue de la nutrition, la matière grasse du lait ne vaut pas plus que les huiles ou les graisses alimentaires ; si le beurre se paye plus cher que ces dernières, c'est parce qu'il plaît davantage, c'est parce que la fermentation lactique y a déposé des substances qui flattent le palais et en font un produit de luxe.

La caséine est l'aliment azoté par excellence, puisqu'elle est appelée à fournir les éléments durables de l'organisme, la matière vivante ; à ce titre, elle vaut la viande, et comme elle seule peut être assimilée par le nouveau-né, elle est l'équivalent de l'œuf.

Le fromager qui débarrasse le lait des quatre cinquièmes de l'eau qu'il renferme prépare donc l'aliment le plus riche qui soit à notre disposition, et en augmentant son assimilabilité par l'affinage, il le rend le plus assimilable de nos aliments. Voilà donc une industrie alimentaire bien comprise, et voilà pourquoi elle est assurée d'un développement rapide, à condition qu'elle mette à la disposition du consommateur un produit de bonne qualité, toujours identique à lui-même.

Les Microbes. — Leur rôle et leurs fonctions

L'homme poussé par sa curiosité naturelle a toujours cherché à se rendre compte de ce qu'il voit, et nous le voyons aujourd'hui nourrir la prétention, naturelle aussi, de connaître ce qu'il ne voit pas. Armé du microscope, il a découvert tout un monde nouveau, le monde des infiniment petits.

Sans doute, il n'a pas ménagé son admiration devant ce spectacle imprévu ; et les naturalistes contemporains de cette découverte ont manifesté sans restriction leur satisfaction de voir reculer ainsi les bornes du monde vivant, de constater qu'au-delà du ciron classique, il existe des êtres bien plus infimes qui naissent, grandissent, se multiplient et meurent comme les êtres supérieurs. Mais il est arrivé ce qui arrive souvent à l'occasion des grandes découvertes : on n'en a pas saisi toute la portée ; une certaine école philosophique a même vu dans ces infusoires la preuve de la génération spontanée ; mais les transformations chimiques, les phénomènes de fermentation et de putréfaction qui s'accompagnent toujours d'un développement surprenant de ces infiniment petits, et pour cause, avaient déjà été étudiés, interprétés et attribués à d'autres causes que celles qui admettent l'intervention de ces êtres.

Il faut arriver à Pasteur pour voir s'éclaircir enfin le mystère qui entourait les fonctions des microbes et pour concevoir le rôle si important qu'ils jouent à la surface du globe.

Les notions qu'il a mises en lumière d'une façon si probante et si éclatante ne sont plus pour vous des nouveautés. Vous savez que les microbes intéressent au plus haut degré chacun de nous, soit qu'ils interviennent dans les transformations chimiques qui nous sont utiles, soit qu'ils nous menacent dans notre existence en s'imposant dans l'organisme comme des parasites dangereux. Il me sera donc facile de vous résumer ces notions ou d'exposer devant vous les conceptions que s'en font les savants, telles qu'elles se dégagent des découvertes les plus récentes.

Pour se faire une idée du rôle des microbes à la surface du globe, il suffit de jeter un coup d'œil sur la nature et de regarder ce qui s'y passe en ce moment même. Vous voyez autour de vous les végétaux se couvrir de feuilles et de fleurs : vous observez tous les jours les progrès des cultures; vous savez que de ce travail provoqué par une poussée intense de sève et de vie sortiront les récoltes qui rempliront vos greniers et les fourrages qui s'entasseront dans vos granges.

Vous savez aussi que ce travail d'organisation et de vie a pour contre-partie un travail de destruction et de mort. Tous ces végétaux, tous ces animaux, tous ces débris organiques reviendront plus ou moins directement à la terre d'où ils tirent plus ou moins directement aussi leur origine. Vous savez enfin qu'ils disparaîtront dans le sol sous l'action d'un travail aussi mystérieux en apparence que celui qui a présidé à leur organisation. Eh bien ! ce travail de destruction est l'œuvre des microbes. Cette force antagoniste qui fait équilibre à l'immense quantité d'énergie que le soleil déverse constamment sur le globe, émane des actions microbiennes.

Ces deux forces opposées agissent constamment sous vos yeux, en tout lieu, sous toutes les latitudes, et cela sans que nous en ayons conscience, et partout nous voyons tous les ans mûrir les récoltes et disparaître dans le sol tous les débris organiques que le cultivateur lui confie pour assurer le développement de ses cultures.

Quand vous le voyez enfouir dans ses champs des tonnes de fumier, il n'a qu'un souci : c'est de fournir à la plante la quantité d'engrais nécessaire pour l'alimenter ; il en mettrait deux, trois et peut-être dix fois plus, il n'en resterait encore que les résidus minéraux que les microbes abandonnent aux végétaux. C'est, en effet, une des caractéristiques de ce monde des infiniment petits, de proportionner l'effort au résultat à atteindre, et c'est ainsi, grâce à la puissance de prolifération des microbes, que disparaît régulièrement et sûrement la matière organique élaborée par les végétaux et les animaux. C'est ainsi que la vie est rendue possible à la surface du globe, car sans les microbes, elle s'éteindrait rapidement, submergée et étouffée sous une épaisse couche d'humus.

Nous commençons aujourd'hui à pénétrer le secret de ces transformations ; nous connaissons en gros les réactions qu'elles mettent en œuvre, et les espèces microbiennes qui y président ne sont plus pour nous des êtres mystérieux ; nous voyons celles-ci se spécialiser dans un travail défini suivant la nature des substances qu'on leur offre et s'attaquer de préférence, suivant leurs aptitudes, à des corps déterminés.

Les matières hydrocarbonées (celluloses, amidons, sucres), les matières grasses, en un mot les substances ternaires qui ne renferment que trois éléments, le carbone, l'hydrogène et l'oxygène, sont disloquées et en quelque sorte pulvérisées; elles se retrouvent, en dernière analyse : le carbone à l'état d'acide carbonique; l'hydrogène à l'état d'eau, entraînant ainsi non seulement tout l'oxygène qui leur était primitivement combiné, mais encore une certaine fraction de l'oxygène atmosphérique.

Les matières azotées qui renferment du carbone, de l'hydrogène et de l'azote, subissent le même sort; l'azote se retrouve à l'état d'ammoniaque ou d'acide nitrique.

L'acide carbonique et les nitrates sont précisément des aliments des végétaux supérieurs, et si j'ajoute que le phosphore et le soufre, et quelques autres éléments, sont libérés aussi à l'état de sels minéraux, de phosphates, de sulfates, etc., on comprendra de quelle façon s'établit entre les microbes et les végétaux le lien nécessaire qui assure à la surface du globe l'évolution des éléments nécessaires à la vie.

Sous l'influence des radiations solaires, l'acide carbonique est repris par les végétaux pour former la matière organique, pendant que leurs racines puisent dans le sol les matières minérales dont ils ont besoin.

Ainsi rentrent dans le cycle fermé que nous avons parcouru brièvement, les mêmes éléments qui l'ont toujours alimenté et qui continueront leurs migrations tant que les végétaux assureront l'œuvre d'organisation, que les microbes rempliront leur rôle de destruction, ou, comme disent les savants, présideront au travail de gazéification et de minéralisation de la matière morte.

Voilà certainement une réalité qui ne vous avait pas échappé, et je vous le prouverai sans peine.

Vous avez remarqué, par l'énumération des corps auquel aboutit le travail de destruction qu'accomplissent les microbes, que ce travail consiste surtout en une série d'oxydations, véritable combustion lente en apparence, mais en réalité très active, étant donnée la masse de matière brûlée. Toutes ces réactions absorbent beaucoup d'oxygène. Alors, n'est-ce pas en raison même de l'intuition plus ou moins nette que le cultivateur a toujours eue de cet état de choses, qu'il ne se lasse point de donner au sol des façons répétées afin d'activer ces phénomènes de combustion en y facilitant la libre circulation de l'air ?

Si nous pénétrons maintenant dans le détail des réactions, ou mieux, des fermentations qu'accomplissent les microbes, nous constatons qu'il en existe un certain nombre que l'homme utilise à son profit immédiat depuis un temps immémorial.

La fermentation alcoolique, la fermentation acétique, la fermentation lactique, et un grand nombre de fermentations qui intéressent les matières azotées, forment la base d'un grand nombre d'industries florissantes. Nous demandons donc aux microbes de transformer pour nous un certain nombre de substances alimentaires et de les mettre sous un état qui nous plaise davantage ou qui se prête mieux à la conservation.

Nous nous expliquons aujourd'hui ce penchant que l'homme a toujours manifesté pour les aliments fermentés, par ce fait qu'un aliment fermenté est un aliment en partie digéré. Les microbes, du moins ceux que nous utilisons dans les industries de fermentations, agissent sur les aliments comme notre propre organisme. Les diastases qu'ils mettent en œuvre sont les mêmes que celles que sécrètent les glandes de notre tube digestif. Quand nous leur demandons de solubiliser la caséine des fromages, nous les faisons travailler à notre profit, comme nous exploitons à un titre différent la betterave, la vigne, la pomme de terre ou les animaux producteurs de viande.

Vous voilà, je suis sûr, réconciliés avec ces innombrables espèces d'êtres invisibles qu'on vous avait présentés probablement sous un jour plus sombre.

Cette conception nous vient pourtant aussi en droite ligne de Pasteur et de ses élèves; mais, à vos yeux, ce n'est pas là que réside leur plus beau titre de gloire, et en cela je ne vous contredirai pas.

Les microbes ne se contentent pas, en effet, de détruire la matière morte; ils s'attaquent aussi à la matière vivante. Beaucoup d'espèces sont si bien adaptées à la vie parasitaire qu'il est impossible de les rencontrer ailleurs que dans l'organisme; elles tendent à le rendre à la circulation générale d'une façon prématurée. Ce n'est là qu'une exception, un accident dans le jeu des forces naturelles dont je vous ai parlé; mais l'exception nous touche de si près qu'elle a toujours figuré au premier plan de nos préoccupations.

Vous savez que c'est encore Pasteur qui, poursuivant l'évolution logique de sa pensée géniale, est passé sans transition de l'étude des fermentations à l'étude des virus, ferments de la matière vivante.

Mais l'organisme n'est pas un corps inerte comme la matière morte; il a ses moyens de résistance et il oppose à toutes les invasions parasitaires une vigoureuse résistance. L'issue de la lutte lui est souvent favorable, et dès lors il devient réfractaire à une nouvelle attaque du parasite. Il y a des maladies qui ne récidivent pas. L'organisme conserve d'une première atteinte un souvenir durable qui se traduit par une force de résistance qu'il ne possédait pas auparavant.

Partant de cette notion d'observation courante, Pasteur, Chamberland et Roux ont atténué les virus, en particulier les virus charbonneux, de façon à communiquer à volonté une maladie bénigne aux animaux sans mettre leur vie en danger; soumis à cette épreuve légère, l'animal en sort capable de résister à la contagion d'un virus virulent.

D'un germe capable de donner une maladie sûrement mortelle, ils ont fait un vaccin, c'est-à-dire qu'ils ont fait sortir le remède du mal lui-même, généralisé et expliqué l'observation isolée de Jenner relative à la vaccine, posé le principe d'une méthode féconde dans la lutte contre les maladies contagieuses.

En pénétrant plus avant dans le mode d'action des parasites microbiens, ils ont montré que les bactéries ne sont pas dangereuses seulement par le trouble que provoque leur invasion, mais qu'ils sont redoutables surtout par les poisons violents, les toxines qu'ils sécrètent.

On peut retrouver ces toxines dans les milieux de culture des microbes pathogènes, les séparer par filtration à travers la bougie Chamberland des microbes eux-mêmes et les injecter aux animaux. On constate ainsi que ces toxines tuent en reproduisant les symptômes de la maladie parasitaire.

L'organisme qui triomphe d'une attaque de ces microbes toxigènes s'est donc débarrassé par un moyen quelconque du poison qu'ils sécrètent. Quel moyen a-t-il employé pour arriver à ce résultat ? C'est Behring qui l'a mis en évidence. L'organisme sécrète à son tour un contre-poison, une antitoxine qui neutralise la toxine à mesure qu'elle se forme.

On peut provoquer artificiellement la production de cette antitoxine par des injections de doses progressives de toxine aux animaux. Après quelques semaines ou quelques mois de ce traitement, on constate que le sérum des animaux inoculés est riche en antitoxine. Ce sérum injecté aux malades atteints par le virus dont la toxine a servi à préparer l'antitoxine, les guérit rapidement. Voilà les conclusions qui résultent des recherches de M. Roux sur le sérum antidiphtérique que vous connaissez tous. Il a montré, en outre, que ce sérum n'est pas seulement un remède merveilleux, mais qu'il constitue aussi un vaccin très efficace, capable par conséquent d'arrêter les épidémies, s'il est injecté aux personnes qui sont en contact avec les malades.

J'en ai assez dit sur ce sujet, et il vous semble sans doute qu'en ce moment j'oublie que nous nous trouvons à un concours beurrier, et que le premier de mes devoirs est de vous parler des ferments de la laiterie.

Mais nous ne nous sommes pas écartés de notre sujet autant qu'on pourrait le supposer, car les ferments de la matière morte, aussi bien que les ferments de la matière vivante, peuvent se développer dans le lait, en raison de sa composition.

Le lait renferme une matière hydrocarbonée, le sucre de lait, des matières azotées, caséine et albumine ; en principe, il constitue donc un terrain de choix pour tous les microbes indistinctement. Voilà pourquoi il est si altérable ; voilà pourquoi il est quelquefois si redoutable, parce qu'il peut servir de milieu de culture ou tout au moins de véhicule aux microbes pathogènes.

Nous voici donc dans notre sujet, dans notre élément ; je l'ai assez longuement traité dans les précédentes conférences, auxquelles celle-ci aurait pu servir d'introduction ; mais j'ai préféré la faire en guise de conclusion, car si je vous ai répété sans cesse que les causes de contagion du lait sont extrêmement nombreuses, je devais vous en fournir les raisons. Vous comprenez maintenant pourquoi les microbes sont si répandus et pourquoi ils pullulent si facilement dans le lait.

Il me reste à vous remercier de tout l'intérêt avec lequel vous avez suivi ces causeries. Je remercie particulièrement M. le Préfet d'avoir bien voulu nous honorer de sa présence et montrer ainsi que rien de ce qui touche à la prospérité et à la richesse de nos campagnes ne saurait être privé du concours actif et bienveillant de son administration.

Je remercie M. Lormier du cordial accueil qu'il m'a fait; je lui adresse, ainsi qu'à ses collaborateurs, mes chaleureuses félicitations pour l'organisation de ce concours qui laissera aux visiteurs une impression excellente et durable, tant par la grandeur du cadre que par les précieux enseignements qui s'en dégagent. Je le félicite, enfin, d'avoir montré qu'en France aussi il y a des hommes qui pensent que la leçon pratique qui se dégage des choses, dans le cas particulier de l'industrie beurrière, n'est complète et profitable qu'autant qu'elle est éclairée par la théorie; d'avoir montré que nous devons surtout, ainsi que le proclamait M. le Dr Roux au Congrès national de l'industrie laitière de 1906, établir une alliance étroite entre l'industrie et le laboratoire, entre la pratique et la théorie.

Conférence sur la

Sélection des Vaches laitières

Par M. P. DÉCHAMBRE,

Professeur de Zootechnie à l'École Nationale d'Agriculture de Grignon.

MESSIEURS,

Lorsque M. le Président de la Société d'Agriculture me demanda de faire une conférence pendant la durée du Concours beurrier, j'acceptai avec grand plaisir; car il est fort intéressant de suivre les opérations d'un concours qui touche de si près à l'amélioration de nos races laitières qu'il est impossible de ne pas y reconnaître la base sérieuse d'une transformation méthodique.

De tous les facteurs qui peuvent influencer cette dernière, nous retiendrons seulement ce qui se rapporte au choix des individus. Comment reconnaître la meilleure vache ? Telle est la question à laquelle je vais essayer de répondre.

* *

Sélection veut dire choix ; cependant, il s'attache à ce mot une signification un peu plus étendue, car nous entendons associer, aux qualités individuelles, des garanties héréditaires qui en assureront la transmission à la descendance de l'animal sélectionné.

La sécurité dans cette filiation est dépendante de l'ancienneté de la famille. Toute bête de souche lointaine a chance de léguer à ses descendants les qualités, les aptitudes, les signes qu'elle tient de ses ascendants. Ayons donc des bêtes de vieille souche, de bonne race, et sachons que les taureaux jouent en cela un rôle important au titre de dépositaires de qualités qui apparaîtront dans leur descendance.

MICROBIOLOGIE DU LAIT

Planche II

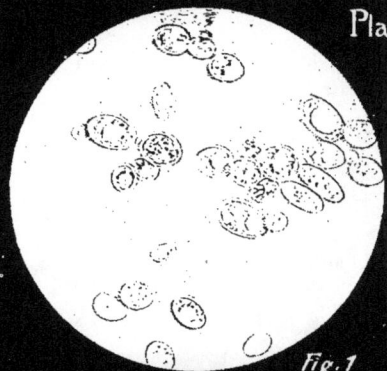
Fig. 1

Fig. 2

Fig. 3

Fig. 4

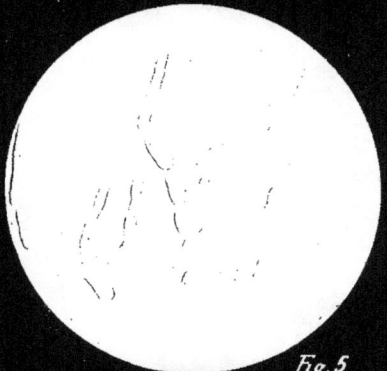
Fig. 5

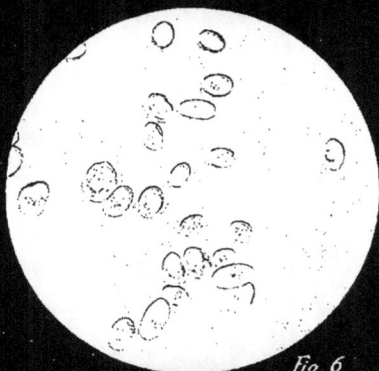
Fig. 6

Champignons grossis 600 fois en diamètre.

N° 1. — **Levure de lactose.** — Fait subir au sucre de lait la fermentation alcoolique (grossi 800 fois).

N° 2. — **Mycoderma caséi.** — Mycoderme du lait et du fromage, se développe sur le lait acide et sur le caillé acide. — Détruit l'acide lactique et le sucre de lait.

N° 3. — **Torula orange.** — Se développe à la surface du caillé acide et donne au fromage acide une couleur rouge orangé qu'il ne faut pas confondre avec le « rouge » ordinaire des fromages affinés.

N° 4. — **Oïdium farinosum.** — Spores, espèce répandue sur certains fromages, les spores recouvrent le mycélium d'une couche d'aspect farineux.

N° 5. — **Oïdium camemberti.** — Espèce recherchée pour le Camembert — mycélium jeune et spores en voie de germination.

N° 6. — **Levure de lactose.** — Cellules âgées; quelques-unes renferment des spores, les autres présentent des granulations nombreuses qui caractérisent le protoplasma âgé.

Dans beaucoup de races bovines pourvues d'un livre généalogique, l'attention est attirée sur les caractères laitiers et beurriers que doivent présenter les vaches inscrites.

Dans cet ensemble de signes dont la pratique a consacré la valeur, il en est qui se réfèrent à la quantité de lait produite, d'autres à la qualité de ce liquide.

Pour l'appréciation du rendement quantitatif d'une vache, on passe successivement en revue :

La conformation de l'animal ;

La finesse et la souplesse de la peau ;

Les dimensions, la forme, l'irrigation et l'état de la mamelle,

Et quelques signes particuliers dont les plus connus sont les Ecussons et les Epis de Guénon.

La vache spécialisée pour la production du lait doit posséder au plus haut degré des caractères féminins qui se reconnaissent à la distinction de la tête, la sveltesse de l'encolure, la longueur de la ligne du dessus, l'ampleur de l'abdomen, la largeur du bassin, la minceur de la queue, la finesse des membres.

La peau apporte des indications de tout premier ordre ; très utiles chez les adultes, ce sont à peu près les seules auxquelles on puisse recourir sur les bêtes jeunes dont la mamelle n'est pas encore développée et dont les formes corporelles n'ont pas encore acquis la régularité et l'ampleur désirables.

Peau fine, souple, mobile, douce au toucher, roulant bien entre les doigts, voilà ce qu'il faut rechercher. La souplesse du cuir est une qualité dominante, car l'épaisseur est influencée par le genre de vie de l'animal. Les vaches qui séjournent la plus grande partie de l'année à l'herbage ont la peau plus épaisse que les bêtes laissées en stabulation permanente.

Le poil fin, court, brillant, est à rechercher ; mais, pour les mêmes raisons que pour la peau, ce poil peut revêtir une apparence grossière, lorsque les vaches ont vécu dehors, sans que ce soit une défectuosité.

L'examen attentif de la peau nous montre encore d'autres signes que nous retrouverons comme marques d'aptitude beurrière.

Arrêtons-nous un moment sur les caractères offerts par le pis, organe essentiel qui exige un examen complet et méthodique qu'il suffira ici d'esquisser.

Mamelle ample, globuleuse, régulière, bien avancée sous le ventre, convexe en arrière puis légèrement infléchie, molle, élastique, douce au toucher, revêtue d'une peau fine, souple, formant en arrière des plis nombreux, parallèles et serrés.

L'implantation régulière des trayons a beaucoup de valeur, car la plus légère imperfection dans la symétrie de la mamelle se trouve soulignée par l'attache défectueuse des tétines. La présence de trayons supplémentaires, malgré que ces petits organes ne donnent généralement pas de lait, est toujours considérée comme un bon signe.

9

Mais ce sur quoi l'attention doit être particulièrement attirée, c'est l'irrigation sanguine de la mamelle. Vous n'ignorez pas que le lait est fabriqué dans le pis aux dépens de sang ; l'afflux abondant de ce dernier liquide est donc la condition essentielle de la bonne sécrétion mammaire. On attache, pour cela, beaucoup d'importance à l'examen des veines. Ces vaisseaux doivent former sous la peau du pis des canaux flexueux se réunissant en avant pour donner naissance à deux gros troncs veineux, qui doivent être longs, sinueux, dilatés comme des varices. En passant la main à plat sous l'abdomen, on se rend parfaitement compte de cette disposition, et l'on peut arriver à introduire sans trop de peine la première phalange de l'index dans l'orifice par lequel chaque veine pénètre dans l'intérieur du corps.

On sait depuis longtemps qu'il existe au-dessus et en arrière du pis une petite veine très flexueuse que l'on ne voit d'ailleurs pas très bien sur toutes les vaches. Quand on la rencontre, on peut être certain d'avoir affaire à une bonne laitière.

En définitive, le développement du système veineux, associé à une bonne conformation du pis et à l'intégrité du tissu de cette glande, sont les indices rationnels d'une puissante lactation.

Un coup d'œil sur quelques signes particuliers, que la pratique a consacrés sans que cependant on puisse donner de leur valeur une explication satisfaisante, va nous permettre d'achever la recherche des beautés de la vache laitière. Il s'agit des Écussons de François Guénon, sortes de figures dessinées par un courant de poils qui sont dirigés de bas en haut depuis la mamelle jusqu'à une hauteur variable au-dessus du pis.

L'étendue de l'écusson importe plus que sa forme. Aussi est-il inutile de s'arrêter aux diverses dénominations que motivent les variations de celle-ci. L'appréciation de la valeur des épis sera également de beaucoup simplifiée lorsqu'on saura que les tourbillons de poils qui sont en dedans de l'écusson augmentent la valeur de ce signe, et que ceux qui sont en dehors la diminuent.

La valeur pratique des signes du rendement quantitatif est bien connue, et d'une manière générale dans nos races bovines, la sélection en vue d'une plus forte production de lait est efficace et bien suivie. Nous avons maintenant à montrer comment cette sélection doit être complétée par la recherche d'une meilleure qualité du lait. Un lait riche en matière sèche, et spécialement en matière grasse destinée à se transformer en beurre, est celui dont nous devons viser la production.

Avant d'aller plus loin, il est nécessaire d'arrêter l'attention sur un fait biologique très important : la teneur du lait en matière sèche, et par conséquent sa teneur en matière grasse, est un caractère individuel faiblement influencé par les causes extérieures.

L'aptitude à donner un lait riche ou un lait pauvre en beurre est héréditaire ; une vache dont le lait possède une forte teneur en crème est susceptible de faire souche de femelles également bien douées.

La recherche de ces meilleures femelles, c'est toute la sélection de la vache beurrière. Comment peut-on y parvenir ?

Cette sélection se fait habituellement d'après les signes extérieurs qui sont en relation directe ou indirecte avec la qualité du lait, avec la teneur en beurre de ce produit. Nous retrouvons ici certains caractères de la peau auxquels on s'est arrêté depuis longtemps, puisque d'anciens auteurs ont remarqué que dans les races communes où la peau est épaisse et le poil grossier, le lait est pauvre en beurre.

Poil brillant, peau souple et onctueuse, sécrétion abondante des glandes sébacées de la peau et aussi des glandes à cérumen accumulées dans le conduit de l'oreille, voilà des signes excellents. On en comprend très bien la valeur quand on sait que les anatomistes identifient la mamelle et les glandes sébacées de la peau. D'ailleurs, les zoologistes qui étudient l'évolution progressive et le perfectionnement des groupes de mammifères, depuis l'ornithorynque, puis les marsupiaux, jusqu'aux animaux supérieurs, suivent pour ainsi dire pas à pas la transformation des glandes cutanées en glandes à lait d'abord disséminées puis groupées et de plus en plus actives.

La couleur jaune que revêt la peau au pourtour des ouvertures naturelles est un signe de même ordre, car cette pigmentation spéciale est due à l'abondance et à la nature de la sécrétion des dites glandes sébacées. Cependant ce caractère n'est pas visible dans toutes les races ; on ne le perçoit avec facilité que dans les races à muqueuses claires comme la normande, la jerseyaise et quelques autres. Ailleurs, chez la flamande en particulier, où les muqueuses sont toujours foncées, la couleur jaune n'apparaît pas. On peut toutefois la constater dans les oreilles, en regardant la conque auriculaire à son intérieur, dans la partie qui est à peu près entièrement dégarnie de poils ; la pigmentation de la peau se montre sous un ton jaunâtre plus ou moins foncé.

Je mentionne encore l'abondance des pellicules épidermiques qui, au niveau de l'écusson, forment des lamelles brunâtres assez semblables à des écailles de gros son de blé.

Et je signale en terminant, comme complément des signes rationnels, celui qui a été découvert vers 1885 par un éleveur normand, Lizot. On sait que la bouche des ruminants est tapissée sur toute sa surface de petites éminences coniques particulièrement rapprochées et développées au niveau de la commissure des lèvres. Lizot a remarqué qu'en ce point, à peu près à la hauteur de la dernière dent incisive, les papilles varient dans leurs formes et sont tantôt pointues, tantôt arrondies, tantôt épaissies et crénelées. Or, cet observateur a établi une relation entre la forme et le volume des papilles et l'aptitude beurrière : papilles pointues, vaches mauvaises beurrières ; papilles pointues et mousses, vaches passables ou assez bonnes ; grosses papilles épaisses, vaches bonnes beurrières.

On ne voit pas la relation qui peut exister entre la forme des aspérités de la bouche et l'aptitude butyrifère des vaches. Cependant nous avons constaté, dans des expériences de contrôle, que la méthode se vérifie dans 72 0/0 des cas ; on peut donc l'utiliser à titre de complément des caractères rationnels, tout en maintenant à ces derniers une valeur diagnostique plus grande.

* * *

En se référant à ces divers signes, on a beaucoup de chances de faire une bonne sélection et d'être renseigné sur le rendement probable de la bête. Mais je dis « rendement probable », car nous n'avons que des présomptions, sans aucune garantie de certitude. Celle-ci ne nous est fournie que par l'analyse du lait et le relevé de la quantité de beurre produite pendant un temps déterminé. Rien ne vaut, pour l'appréciation de la valeur beurrière, la recherche directe du taux de matière grasse du lait. Toutes les fois que cette détermination sera possible, on devra la prendre pour base d'estimation. Dans les concours et les expositions, dans les fermes importantes où les opérations du bétail sont bien conduites, dans celles où on pratique la multiplication du bétail pour l'exploitation laitière et beurrière des produits, on devrait procéder à ce contrôle du lait.

Ainsi que je le disais tout à l'heure, l'aptitude à donner un lait riche en beurre est un caractère individuel, qui peut se transmettre par l'hérédité, s'élever au rang de caractère d'une famille, puis d'une sous-race, puis d'une race tout entière, dès que les éleveurs associent leurs efforts et pratiquent avec persévérance une sélection méthodique et attentive.

L'influence de la race sur la teneur du lait en graisse est certaine ; mais il est non moins sûr que la variation individuelle peut éloigner telle ou telle femelle de la moyenne du groupe auquel elle appartient, et devenir le point de départ d'une famille qui se distinguera de la souche primitive par un relèvement de l'aptitude beurrière. Le but essentiel est de rechercher ces individus remarquables, afin d'arriver à en accroître le nombre et de pousser la race vers un perfectionnement incessant.

Il y a donc un intérêt de tout premier ordre à se renseigner sur la valeur des femelles et à ne garder pour la reproduction, aussi bien que pour l'exploitation, que des bêtes bonnes beurrières. Il faut arriver à écarter de la multiplication, non seulement les bêtes mauvaises laitières, mais aussi celles qui donnent en beurre un rendement insuffisant.

Entre la méthode de sélection que nous préconisons et celle qui est exclusivement basée sur les formes extérieures, il y a toute la différence qui sépare un procédé empirique et sommaire d'une appréciation scientifique et précise.

L'analyse systématique des caractères laitiers et beurriers telle que j'ai essayé de vous la présenter constitue déjà un notable progrès, puisqu'elle met en relief certaines beautés, certaines relations physiologiques dont la valeur est significative.

Mais, aussi rationnelle que soit cette méthode, elle ne saurait être considérée comme un critérium absolu. En présence de ce qui est fait dans les contrées voisines avec lesquelles nous avons à lutter, il devient nécessaire de donner à notre élevage une base scientifique. Or, en ce qui concerne spécialement la production du lait et du beurre, il n'y en a pas de plus logique que celle à la pratique de laquelle vous assistez actuellement, en suivant les opérations si bien réglées de ce concours beurrier :

Relevé exact de la quantité de lait produite à chaque traite, dosage de la matière grasse, détermination du poids de beurre obtenu pendant le même temps, sont des éléments de comparaison d'une valeur et d'une précision indiscutables.

Eloignez de la multiplication les bêtes insuffisantes ; réservez aux meilleures les taureaux issus de bonnes familles beurrières, et vous obtiendrez, beaucoup plus rapidement que vous ne seriez portés à le penser, une augmentation sensible et durable dans le rendement en lait et en beurre de vos étables.

Conférence sur l'Alimentation rationnelle des Vaches laitières à l'étable pendant l'hiver

Par M. Alfred MALLÈVRE,

Professeur de Zootechnie à l'Institut National Agronomique.

Messieurs,

Nous devons nous entretenir pendant quelques instants de l'alimentation rationnelle des vaches laitières à l'étable pendant l'hiver.

Pour éviter tout malentendu, je m'empresse de déclarer que je n'ai pas la prétention de traiter cette vaste question dans son ensemble, sous ses multiples aspects. Le temps dont nous disposons n'y suffirait pas. Dans un sujet aussi délicat, il ne faut pas seulement apporter des conseils, des formules, des préceptes. Il est nécessaire d'en prouver le bien fondé, de les justifier. On ne peut convaincre et faire œuvre utile qu'à cette condition.

Force est donc de nous limiter. Je voudrais simplement appeler votre attention sur les avantages encore trop méconnus de rations d'hiver suffisamment abondantes, bien composées, et pour tout dire proportionnées, autant que possible à tout moment, à la faculté laitière de chaque vache, à la puissance de production de chaque individu. C'est en cela surtout d'ailleurs que réside l'alimentation rationnelle des vaches laitières pendant la mauvaise saison. Je voudrais essayer aussi de montrer qu'il est possible de réaliser une pareille alimentation sans dépense excessive, en un mot économiquement. En pratique, en effet, une alimentation rationnelle ne peut être qu'une alimentation économique.

Le but que se propose tout agriculteur en exploitant des vaches laitières, c'est d'obtenir un lait abondant. C'est aussi d'obtenir un lait riche. Le lait renferme des substances de très inégale valeur. On ne l'apprécie pas pour l'eau qu'il contient toujours, et naturellement, en grande proportion. On l'apprécie pour les substances qui se trouvent en suspension ou en dissolution dans cette eau. De toutes ces substances, la matière grasse ou butyreuse est la plus précieuse. Aussi lait gras est-il synonyme de lait riche. A très juste raison. Dans la règle, en effet, le lait qui renferme plus de matière grasse contient aussi plus de caséine, de sucre de lait, de matières minérales. L'agriculteur veut donc un lait abondant et riche. Mais il vise encore autre chose. C'est de maintenir ses vaches fécondes, capables de donner des jeunes et de fournir un nombre raisonnable de bonnes lactations.

L'alimentation, nous devons le rappeler ici, n'est pas le seul facteur qui régisse la quantité de lait produite par une vache et la teneur en matière grasse de ce lait. Bien plus, nous devons reconnaître que ce n'est pas le facteur qui vient au premier rang. L'influence de l'alimentation est en effet primée tout d'abord par celle qui tient aux dispositions individuelles, ou comme on dit simplement, à l'individualité de l'animal ; en outre, par celle qui résulte du temps écoulé depuis le vêlage. Ce sont là les deux facteurs dont dépendent, en première ligne, l'activité de la mamelle et son pouvoir de transformer en lait les principes nutritifs tirés des aliments.

Il est aisé de mettre en évidence leur rôle prépondérant vis-à-vis de l'alimentation.

D'abord l'individualité. Donnez la même nourriture, la même ration, à des vaches aussi comparables qu'on puisse l'imaginer : de même race, de même âge, de même poids, ayant vêlé le même jour. Elles n'en fourniront pas pour cela nécessairement des quantités de lait égales, ni un lait d'égale teneur en matière grasse. Presque toujours, sinon toujours, on constatera des différences, et ces différences seront même souvent très accentuées. D'une vache à l'autre, le nombre de litres de lait pourra varier du simple au double, ou plus encore, et la teneur centésimale en matière butyreuse presque dans les mêmes proportions. L'alimentation étant uniforme, c'est là une preuve irréfutable que les aptitudes laitière et beurrière sont dominées au plus haut degré par l'individualité. Aussi a-t-on grandement raison de recommander avant tout la sélection des vaches douées de ces deux aptitudes, aussi bien dans le but de les exploiter comme laitières que dans celui de les livrer à la reproduction. Dans certains pays, en Danemark par exemple, on va même plus loin. On cherche à sélectionner les bêtes fournissant la plus grande quantité de lait, ou plus exactement de beurre, pour la moindre quantité, et par conséquent pour la moindre dépense de nourriture.

On peut se convaincre aisément aussi que le temps écoulé depuis le vêlage a, par rapport à l'alimentation, l'influence décisive sur l'activité de la mamelle, sur la sécrétion laitière au moment considéré. Donnez à une même vache la même nourriture, mais à des époques diverses d'une même lactation. Faites l'expérience une première fois peu de temps après le vêlage, une seconde fois vers le milieu, et enfin une troisième vers la fin de la lactation. La quantité de lait obtenue et même la richesse de ce lait ne seront pas égales. Bien que la ration reste invariable, la vache donnera plus de lait dans les premiers mois qui suivent le vêlage, une quantité moindre au milieu de la lactation et moins encore vers la fin. On verra aussi que le lait devient un peu plus butyreux à mesure qu'on s'éloigne de la parturition. Mais il s'en faut que le changement de la teneur en matière grasse compense celui qui porte sur la quantité. L'augmentation de richesse est très peu de chose en comparaison de la baisse du rendement en lait.

Ces faits connus de tous nous montrent déjà à l'évidence qu'il faut se garder, pendant l'hiver, de donner une même ration à toutes les vaches qui composent une étable. Comme il est de règle que toutes ces vaches aient des aptitudes laitières individuelles différentes, comme à l'ordinaire aussi elles ne vêlent pas à la même époque, leur puissance de production à un moment donné est des plus variables. Les soumettre à une même alimentation, c'est courir le risque d'en nourrir un certain nombre insuffisamment, pendant que d'autres recevront peut-être une ration excessive. C'est le moyen certain de ne pas obtenir des aliments consommés tout le lait que les vaches peuvent en tirer. C'est faire un emploi défectueux des aliments, des matières premières qui servent à la fabrication du lait ; s'est s'exposer par conséquent à ne pas produire le lait économiquement.

Nous allons mieux comprendre la portée de cette conclusion en examinant maintenant l'influence de la nourriture sur la production laitière. La part faite aux facteurs primordiaux, à l'individualité et au temps écoulé depuis le vêlage, l'influence de l'alimentation reste encore très marquée Il importe que nous voyions de près dans quels sens elle s'exerce. Comment régler au mieux l'alimentation si l'on n'en connait pas les effets ?

Précisons les questions.

Etant donné des vaches laitières, qui se maintiennent en état et à peu près en équilibre de poids vif en recevant une nourriture bien composée, obtient-on un lait plus riche et plus abondant si on vient à forcer leurs rations ? Comment agit, autrement dit, l'alimentation intensive vis-à-vis d'une alimentation simplement suffisante ?

Sur la richesse du lait, l'influence d'une alimentation intensive est à peu près nulle. Tel est le résultat qui découle des très nombreuses expériences tentées pour obtenir un lait plus butyreux au moyen d'une nourriture plus copieuse. Aucune ration, du moins on n'en connait pas, ne peut permettre à une vache qui, jusque-là bien nourrie, donne un lait renfermant 3 0/0 de matière grasse, de fabriquer un lait qui dorénavant et de façon

prolongée en contiendra 4 0 0 ou même 3,5 0/0. J'ajoute avec intention de
de façon prolongée, parce que les expériences de courte durée conduisent
à des résultats trompeurs. La fonction laitière est d'une sensibilité
extrême. Le moindre changement peut y causer un trouble momen-
tané. Et il arrive souvent qu'à la suite d'une modification de la ration, la
teneur en matière grasse augmente ou diminue pendant quelques jours ou
au plus pendant quelques semaines. Mais bientôt le lait reprend sa composition normale. Sous le rapport de la richesse butyreuse, l'influence de
l'individualité pose pour ainsi dire une barrière infranchissable à celle de
l'alimentation. Inutile de chercher par une nourriture surabondante à
rendre le lait plus riche.

L'effet d'une alimentation intensive sur la quantité du lait est plus
appréciable. Mais elle ne laisse pas d'être également restreinte. Si on
augmente la ration d'une vache, d'ailleurs en état et bien nourrie jusqu'alors,
la mamelle donne ordinairement un peu plus de lait. Mais si l'on tentait
de mettre ce fait à profit en forçant davantage la ration, on constaterait
que les suppléments de lait deviennent très vite de plus en plus faibles et
même s'annulent. Comme conséquence, on verrait que très vite aussi le
supplément de lait ne paie plus le supplément de nourriture, bien que
cela dépende en partie évidemment du prix du lait. Cette fois encore se
dresse, quoique un peu moins rigide, la barrière posée par la puissance
de fonctionnement de la mamelle.

Comme d'ailleurs la vache nourrie surabondamment ne peut transformer
en lait qu'une fraction très- réduite de l'excédent de nourriture, avec le
surplus elle fabrique de la graisse et prend un embonpoint plus ou moins
rapide. C'est là un résultat qui peut être utile quand on veut livrer les
vaches à la boucherie en fin de lactation. Mais c'est un résultat détestable
quand on doit les conserver pour la reproduction. Elles risquent de devenir
moins fécondes, de donner des veaux mal développés, et en outre leur
faculté laitière se trouve compromise. Les lactations ultérieures sont moins
bonnes. Que de plaintes justifiées contre les vaches trop grasses exposées
dans les Concours de reproducteurs ! Il est clair que l'éleveur proprement
dit doit éviter l'alimentation surabondante pour ses vaches. Celle-ci ne peut
convenir qu'à des cas particuliers, par exemple pour les bêtes exploitées
par les nourrisseurs dans les villes ou le voisinage immédiat des villes, là
où le lait se vend très cher et où les vaches ne sont conservées que
pendant une seule lactation.

Durant la mauvaise saison, on évitera aisément les inconvénients d'une
alimentation intensive qui ne se réalisera guère que pour des bêtes peu
laitières ayant vêlé depuis longtemps, ou bien encore pour des bêtes dont
la mamelle est au repos complet pendant les derniers mois de la gestation.
Il suffira de régler et au besoin de réduire la ration de ces vaches, de façon
à ce qu'elles se maintiennent seulement en état. A ce point de vue, dans les
exploitations qui possèdent une bascule, on se trouvera bien de peser

périodiquement les vaches. Les variations de poids vif donnent des indications précieuses sur l'état de nutrition des animaux, et l'on peut modifier la ration en conséquence.

Reconnaissons d'ailleurs que l'alimentation intensive en hiver est moins à craindre, parce qu'elle est beaucoup moins fréquente, que l'alimentation parcimonieuse.

Quelle est à son tour l'influence d'une alimentation insuffisante sur la production laitière ?

En ce qui concerne la richesse du lait, cette influence est faible, mais néanmoins sensible. Si une alimentation intensive n'augmente pas la teneur du lait en matière grasse, une alimentation notoirement insuffisante peut la réduire, et cela de façon prolongée. Rappelons l'une des expériences les plus probantes à cet égard. Elle a été instituée par la Station agronomique de la Cornell University (Etats-Unis). On a pris, comme bêtes d'expériences, sept vaches dans un troupeau nourri avec parcimonie sur une exploitation du voisinage. Elles étaient maigres, mais non malades, dans l'état où on en trouve également chez nous sur nombre de fermes. Pendant toute la durée d'une première lactation, on leur donna la nourriture habituelle insuffisante. Le lait produit fut pesé et soumis à des analyses assez fréquentes pour qu'il fût possible de déterminer sa teneur moyenne en matière grasse pendant tout le cours de la lactation. Les vaches furent alors placées sur le domaine de la Station agronomique, où elles reçurent pendant deux lactations successives une alimentation assez forte pour leur faire regagner du poids et pour améliorer de façon marquée leur état de nutrition jusque-là peu florissant. Enfin, pendant une quatrième lactation, on les remit au maigre régime du début. A chaque lactation, le pesage et l'analyse du lait furent renouvelés dans les mêmes conditions que la première fois.

Le résultat de cette longue expérience a été très net. Bien nourries, les sept vaches sans exception ont donné un lait plus riche que pendant l'année où elles consommaient une nourriture insuffisante. Sous l'influence de la meilleure alimentation, la matière grasse du lait a augmenté de 1 à 4 grammes par litre suivant les individus, et en moyenne de 2 gr. 5 par litre. Le lait, qui dans la première lactation contenait en moyenne pour toutes les vaches 44 gr. 5 de matière grasse par litre, en renfermait 47 grammes pendant les deuxième et troisième lactations. C'est une augmentation de 5,6 0/0 pour l'ensemble des vaches. Pendant la quatrième lactation, avec le régime insuffisant, la teneur du lait en matière grasse a baissé de nouveau. Elle est même tombée un peu plus bas que pendant la première année d'expérience. La plus grande richesse du lait pendant les deuxième et troisième lactations est donc bien due à l'amélioration du régime alimentaire. Certes, les hausses constatées sont faibles, puisqu'elles ne dépassent pas 4 grammes par litre. Elles suffisent néanmoins pour établir avec certitude qu'une alimentation parcimonieuse a pour effet, aussi longtemps qu'elle dure, d'abaisser, plus ou moins suivant les individus, la teneur du lait en matière grasse. De ce chef déjà, il y aurait lieu d'éviter pendant l'hiver une alimentation parcimonieuse. Mais une telle alimentation, nous l'allons voir, présente encore des inconvénients autrement graves.

L'effet d'une alimentation insuffisante sur la richesse du lait est seulement peu marquée. Par contre, son action sur la quantité de lait produite est considérable. Quand une vache ne reçoit pas dans sa ration assez de principes nutritifs pour faire face à la sécrétion lactée, on observe des phénomènes toujours les mêmes, mais diversement accentués suivant l'activité plus ou moins grande de la mamelle, par conséquent suivant l'aptitude laitière individuelle et le temps écoulé depuis le vêlage. Si la bête est peu laitière ou déjà avancée en lactation, la mamelle cherche bien à prendre à l'organisme ce que l'alimentation ne lui donne pas pour fabriquer le lait qu'elle est capable de produire. Mais l'organisme se défend et ne se laisse entamer pour ainsi dire qu'à regret. Bien qu'il cède d'abord un peu de sa substance et perde du poids, il réussit assez vite à ramener l'équilibre entre ses recettes et ses dépenses. Il le fait en réduisant la sécrétion du lait, et cela au besoin très fortement. En pareil cas, on recueille moins de lait et la durée de la lactation en cours est abrégée.

Si la bête est très laitière et surtout au début de la lactation, la même lutte s'engage entre la mamelle et l'organisme. Mais la mamelle cette fois plus puissante tient l'organisme plus longtemps en échec. Elle lui soutire plus de matériaux pour en faire du lait. Le lait baisse néanmoins, mais l'équilibre entre les recettes et les dépenses de l'organisme tarde longtemps à s'établir. Le poids de l'animal et son état de nutrition fléchissent beaucoup plus que tout à l'heure. Il vient cependant encore un moment où, l'organisme étant affaibli par des pertes notables, l'activité de la mamelle se restreint, où la quantité de lait diminue assez pour que les recettes équilibrent à nouveau les dépenses.

Dans tous les cas, comme on le voit, mais plus ou moins vite selon les circonstances, la sécrétion laitière finit par se régler sur l'alimentation, c'est-à-dire sur la quantité de matières premières disponibles pour fabriquer le lait. Il est heureux d'ailleurs qu'une telle adaptation soit inévitable. Autrement, ce serait l'épuisement complet des animaux et leur perte à bref délai. Toutefois, cela ne va pas sans de graves inconvénients, et pour la production laitière, et pour l'avenir des bêtes.

L'expérience américaine, que je citais tout à l'heure et qui a l'avantage de porter sur des périodes entières de lactation, nous offre un exemple tout à fait typique de l'influence désastreuse qu'exerce une alimentation insuffisante sur la sécrétion lactée. Pendant la deuxième année d'expérience et aussi pendant la troisième, les vaches bien nourries ont donné 50 0/0 de lait de plus que durant la première lactation observée et qui coïncidait avec une nourriture parcimonieuse. Ainsi une vache, capable de sécréter 3,000 litres par an, peut fort bien n'en donner que 2,000 si elle reçoit une alimentation insuffisante. Bien entendu, la réduction du rendement dépend à la fois du régime alimentaire et des individus. Elle est d'autant plus grande que le contraste est plus accentué entre la pénurie de l'alimentation et la faculté laitière de l'animal.

Par ailleurs, les vaches insuffisamment nourries présentent un état de nutrition qui laisse à désirer. Elles sont amaigries, affaiblies et disposées aux atteintes des maladies chroniques, en particulier de la tuberculose. L'avenir de la fonction laitière est en tout cas compromis. Les lactations successives deviennent rapidement moins bonnes. En un mot, la période de déclin apparaît prématurément.

Veiller à l'alimentation d'hiver qui, dans les conditions habituelles, est si souvent insuffisante, surtout pour les bêtes en pleine lactation ou venant de vêler; proportionner cette alimentation à la faculté laitière des animaux, c'est du même coup éviter les inconvénients multiples que nous venons d'énumérer.

A côté de l'abondance des rations destinées aux vaches laitières, la composition de ces rations mérite aussi un examen attentif. Pour assurer le plein épanouissement de la fonction laitière, les rations ne doivent pas contenir seulement une somme suffisante de principes nutritifs, il faut encore que la nature de ces principes soit appropriée. A ce point de vue la vache laitière a des exigences spéciales. Le lait contient des matières azotées, de la caséine surtout. Normalement la mamelle fabrique la caséine à l'aide des matières azotées similaires (protéine) tirées des aliments. Les principes nutritifs non azotés, matières grasses ou sucrées, n'étant pas utilisables dans ce but, il importe que les rations renferment une quantité suffisante de protéine digestible. C'est à cette condition seulement qu'elles seront bien composées.

Qu'arrive-t-il si la ration ne renferme pas assez de matières azotées ? Quelque chose d'analogue à ce qu'on observe avec des rations parcimonieuses. Après avoir emprunté à l'organisme, pendant un temps plus ou moins long, une partie de la matière azotée qui fait défaut dans les aliments pour former la caséine, la mamelle est forcée de restreindre sa sécrétion et de l'adapter à la richesse azotée de la nourriture. La production du lait baisse donc fatalement.

Il peut même se produire un phénomène singulier, du reste facile à prévoir. Si la ration, trop pauvre en protéine, contient par ailleurs un excédent de principes non azotés, gras et sucrés, l'organisme, tout en rétablissant l'équilibre azoté, tout en réduisant la sécrétion du lait, accumule de la graisse. L'animal est en très bon état, peut-être même plus gras qu'il ne conviendrait pour une vache laitière. On a ainsi des rations qui, suivant l'expression des praticiens, « poussent à la graisse » au lieu de « pousser au lait ». On aurait volontiers l'illusion que les animaux sont trop fortement nourris pour leur aptitude laitière. A vrai dire, l'alimentation est peut-être trop abondante, mais elle est sûrement mal composée. L'animal est trop nourri, mais il est mal nourri.

Nos connaissances actuelles permettent de se rendre compte assez exactement des quantités de matière azotée que doit renfermer la ration journalière suivant l'intensité de la sécrétion lactée.

De nombreuses expériences ont établi que le seul entretien de l'animal, toute production mise à part, n'exigeait que 0 gr. 5 à 0 gr. 6 de matière azotée par jour et par kilogramme de poids vif. Admettons 0 gr. 6 pour ne pas être au-dessous de la vérité. Cela fait 300 grammes par jour pour une vache pesant 500 kilos. Le lait contenant par litre en moyenne 35 grammes de caséine, il faudra de plus un minimum de 35 grammes de matière azotée par litre de lait produit. C'est un minimum ; car on suppose ainsi que la transformation de la protéine digestible des aliments en caséine a lieu sans aucun déchet. De minutieuses recherches, poursuivies récemment en Danemark, ont prouvé qu'en fait l'organisme et la mamelle sont capables, le cas échéant, de travailler avec cette perfection.

Mais il serait téméraire de compter de façon courante sur un rendement aussi merveilleux. Nombre d'expériences montrent que les besoins de la mamelle ne sont assurés qu'en présence d'un excédent notable de matière azotée. Ces expériences montrent aussi que, pour obtenir de cette mamelle toute l'activité dont elle est susceptible, il suffit, à peu près en toutes circonstances, que la ration journalière renferme le double du minimum indiqué tout à l'heure : soit 70 grammes environ de matière azotée digestible par litre de lait, en outre de ce que réclame l'entretien strict. C'est donc sur cette base qu'il est sage de tabler. On voit alors que les vaches pesant 500 kilos exigent : pour une production de 10 litres de lait par jour, $300 + 70 \times 10 = 1,000$ grammes ; pour une production de 16 litres, $300 + 70 \times 16 = 1,420$ grammes ; pour une production de 22 litres, $300 + 70 \times 22 = 1,840$ grammes. Ainsi, en chiffres ronds, 1 kilo de protéine digestible pour 10 litres de lait, 1 kilo 450 pour 16 litres, 1 kilo 900 pour 22 litres, voilà ce que doit renfermer environ par jour, pour être suffisamment azotée, la ration d'une vache laitière de taille moyenne.

Il existe des Tables (comme celles par exemple qu'a publiées la Société de l'alimentation rationnelle du bétail) qui font connaître la teneur approximative des divers aliments en principes digestibles et par conséquent aussi en matière azotée ou protéine. A l'aide de ces Tables, il est facile de vérifier si les rations données à des vaches laitières sont assez riches en matière azotée.

On ne saurait trop engager les agriculteurs à user de ce moyen simple, à la portée de tous, et qui ne demande que quelques minutes de travail S'ils y avaient recours, ils reconnaîtraient que souvent les rations d'hiver distribuées à leurs vaches ne sont pas assez azotées pour assurer une abondante production laitière.

Il s'agit là d'un point si important qu'on m'excusera d'insister encore.

Pendant la belle saison, quand les bêtes sont au pâturage, il n'y a guère lieu de craindre qu'elles viennent à manquer de matière azotée. Elles consomment alors des herbes jeunes, qui contiennent 1 partie de cette matière azotée ou protéine pour 3 à 5 parties seulement de principes non azotés, gras et sucrés. C'est là une richesse azotée très grande et plus que suffisante. On arrive en effet déjà à satisfaire tous les besoins en azote des vaches laitières, besoins que nous avons évalués tout à l'heure, avec des rations qui renferment seulement 1 partie de protéine digestible pour 5 à 7 parties de principes non azotés : 7 parties quand la production laitière ne dépasse pas 10 litres par jour, 5 parties quand elle s'élève beaucoup et atteint une vingtaine de litres.

En hiver la situation est bien différente. La base de l'alimentation des vaches est constituée en général par des foins de prairies naturelles et artificielles, par des pailles de céréales et des menues pailles, par des racines et des pulpes. Les foins de prairies artificielles sont, il est vrai, bien pourvus de protéine; ils en renferment 1 partie pour 3 à 6 parties de principes non azotés. Les foins de pré sont déjà moins riches avec 1 partie de protéine pour 4 à 10 parties de non azotés. Quant aux racines, aux pulpes et surtout aux pailles, ce sont des aliments très pauvres en azote. On trouve dans les racines et les pulpes 1 partie de protéine digestible pour 10 à 15 parties de principes non azotés; dans les pailles, 1 partie de protéine pour 15 à 45 de non azotés.

Lorsque, dans une exploitation, les foins de légumineuses ou les très bons foins de pré abondent, il y a quelque chance pour que l'azote ne manque pas dans les rations d'hiver. Du très bon foin à satiété avec des racines, cela peut former des rations assez riches en azote, sauf pour les bêtes extraordinairement laitières. Mais si à côté de quantités limitées de foin, disons 5 à 10 kilos par tête et par jour, les vaches consomment des quantités importantes de racines et de paille, on peut être certain que la nourriture manquera d'azote, dès le moment où la production laitière excèdera quelques litres. Nous voulons dire par là qu'elle ne permettra pas à la faculté laitière de se déployer complètement, et que dès lors on ne recueillera pas tout le lait que les vaches seraient capables de produire.

Il faut parer à cet inconvénient, et l'on y peut parer économiquement. Le remède est simple. Il consiste à compléter la richesse insuffisante des rations en azote en y ajoutant des aliments concentrés d'une haute teneur en protéine. Si l'on a soin de choisir dans ce but des aliments très azotés, c'est-à-dire les tourteaux oléagineux les plus riches en protéine, on n'aura besoin que de quantités faibles ou modérées de ces aliments pour relever suffisamment la teneur azotée des rations. On obtiendra ainsi une nourriture bien composée sans dépense excessive.

Les doses nécessaires de tourteaux varient évidemment. Elles sont plus élevées quand les aliments disponibles sur la ferme sont pauvres en matière azotée, par exemple quand on a peu de foin à côté de paille et de beaucoup de racines. Mais, même en pareil cas, elles ne dépasseront pas 1 à 3 kilos par jour et par tête pour des rendements en lait qui peuvent aller jusqu'à plus de 20 litres. Voici, simplement à titre d'exemple et pour fixer les idées, ce que pourraient être des rations journalières assez abondantes et bien composées dans une exploitation qui a relativement peu de foin, disons 5 kilos par jour et par vache, mais qui dispose de paille et de fortes réserves de racines, de betteraves :

Rations journalières par tête de 500 kilos :

	I. Pour une production journalière d'environ 10 litres de lait.	II. Pour une production journalière d'environ 16 litres de lait.	III. Pour une production journalière d'environ 22 litres de lait.
Foin de pré . .	5 kilos.	5 kilos.	5 kilos.
Paille . . .	3 —	3 —	3 —
Menue paille.	2 --	2 —	2 —
Matière sèche de betteraves.	4 kilos. soit 34 kilos environ de betteraves renfermant 12 0/0 de matière sèche.	5 kilos. soit 42 kilos environ de betteraves renfermant 12 0/0 de matière sèche.	6 kilos. soit 50 kilos de betteraves renfermant 12 0/0 de matière sèche.
Tourteau très azoté . . .	1 —	2 —	3 —
	Cette ration renferme à peu près 1 kilo de matière azotée digestible et 1 partie de cette matière azotée pour 7 parties de principes non azotés.	Cette ration renferme à peu près 1 k. 450 de matière azotée digestible et 1 partie de cette matière azotée pour 6 parties de principes non azotés.	Cette ration renferme à peu près 1 k. 900 de matière azotée digestible et 1 partie de cette matière azotée pour 5 parties de principes non azotés.

Les betteraves ont une composition tellement variable que, pour préciser, il a fallu indiquer, en ce qui les concerne, la quantité de matière sèche qui devait figurer dans les rations ci-dessus. La valeur nutritive des betteraves est en effet à très peu près proportionnelle à leur teneur en matière sèche. S'il s'agissait de betteraves relativement petites, peu aqueuses, renfermant par exemple 15 0/0 de matière sèche, il en suffirait de 26, 33 et 40 kilos, au lieu des 34, 42 et 50 kilos indiqués dans le tableau des rations pour des betteraves contenant seulement 12 0/0 de matière sèche. Les vaches peuvent d'ailleurs consommer, sans aucun inconvénient, des quantités considérables de betteraves saines et bien nettoyées.

Les tourteaux doivent être très riches en azote et renfermer autour de 35 à 40 0/0 de protéine digestible. A peu près seuls, ceux de coton décortiqué et d'arachides décortiquées remplissent cette condition. On veillera à se les procurer aussi azotés que possible. Il y a bien encore le tourteau de sésame qui coûte généralement moins cher. Si on devait l'employer, il serait prudent de ne pas dépasser 1 kilo par jour et par tête. A dose plus élevée, on lui reproche d'influencer défavorablement la teneur du lait en matière grasse et surtout la qualité du beurre.

On voit par le tableau précédent que, même dans les exploitations qui en hiver disposent d'aliments peu azotés, de faibles quantités de tourteaux, 1 à 3 kilos, suffisent pour compléter les rations, pourvu que ces tourteaux soient bien choisis. Dans les fermes qui font plus de foin et qui, par conséquent, ont plus de matière azotée disponible, on se tirerait d'affaire avec des doses plus réduites encore, n'excédant pas 2 kil. 5 ou même 2 kilos par tête.

Pour qu'on puisse se contenter, comme nous venons de le dire, de doses très modérées d'aliments concentrés achetés au dehors, il est indispensable bien entendu que l'on récolte sur la ferme, soit beaucoup de foin, soit beaucoup de racines, qui fourniront la presque totalité des principes non azotés, gras et sucrés, nécessaires dans la ration. Si l'on ne disposait, en même temps, que de peu de foin et de peu de racines, les quantités d'aliments concentrés devraient être autrement élevées pour que les rations fussent proportionnées à la faculté laitière des animaux. Songez que, pour chaque kilogramme de matière sèche de betteraves qui ferait défaut dans les rations citées tout à l'heure à titre d'exemple, il faudrait ajouter à peu près 1 kilogramme d'aliments concentrés. A vrai dire ces aliments concentrés, il ne serait plus nécessaire de les prendre parmi les plus azotés, puisqu'ils viendraient remplacer une substance très pauvre en azote comme les betteraves. Cette fois les graines de céréales, les résidus de meunerie (sons, farines diverses), la mélasse, etc., seraient utilisables. Mais on n'oubliera pas qu'on serait conduit ainsi à des dépenses d'argent considérables, en même temps que les vaches, gorgées d'aliments concentrés, prospéreraient sans doute moins bien. Ce n'est pas là la voie économique ; ce n'est donc ni la voie à conseiller, ni la voie à suivre.

Tout au contraire, l'agriculteur doit s'efforcer, et en s'y efforçant il y parviendra, à récolter sur sa ferme assez de foin et de racines pour faire face à tous les besoins de ses vaches en principes nutritifs non azotés. Il obtiendra ainsi ces principes nutritifs à bien meilleur compte que dans les aliments du commerce. C'est par suite dans cette direction que doivent s'exercer ses efforts pour ménager à ses vaches laitières une alimentation économique pendant la mauvaise saison. S'il était vraiment des éleveurs qui ne fussent pas en situation, par des progrès culturaux sagement compris, d'augmenter jusqu'au degré voulu leurs récoltes de foin et de racines, mieux vaudrait pour eux renoncer à produire des quantités notables de lait pendant l'hiver et éviter autant que possible la naissance des veaux à cette époque de l'année ou en automne.

Faisons remarquer en terminant qu'il n'y a pas, surtout pour les vaches qui ont vêlé en automne ou au début de l'hiver, de meilleure préparation au pâturage qu'une bonne nourriture à l'étable pendant la mauvaise saison. Il convient de mettre en garde, à ce sujet, contre une illusion possible. Quand les bêtes, ayant reçu depuis des mois une alimentation parcimonieuse ou insuffisamment azotée, sont mises au pâturage au printemps, sous l'influence de la meilleure nourriture combinée avec la vie au grand air, la fonction laitière reçoit comme un coup de fouet; la mamelle sécrète plus de lait et un lait plus riche. On a quelquefois caractérisé ce phénomène bien connu, en disant qu'il se produisait un véritable « renouvellement » du lait, une sorte de rajeunissement de la fonction laitière comme au moment du vêlage. Mais, il faut le noter, l'intensité du phénomène est due pour une bonne part au contraste qui existe entre l'alimentation antérieure défectueuse et l'alimentation nouvelle très riche. Il s'atténue dès lors fortement pour les vaches bien nourries en hiver qui, placées au pâturage, fournissent encore dans la règle un peu plus de lait, mais souvent un lait qui n'est pas plus riche qu'auparavant. Il n'en est pas moins vrai qu'en fin de compte c'est en donnant constamment, régulièrement une bonne nourriture en hiver, qu'on obtient le plus de lait et le plus de beurre, même pendant la saison suivante au pâturage. L'action du pâturage au printemps, si puissante qu'elle soit, est incapable de compenser les mauvais effets d'une alimentation antérieure défectueuse. Elle ne parvient pas à faire monter la sécrétion laitière au niveau qu'elle aurait atteint, si les bêtes avaient reçu, pendant la mauvaise saison et depuis le vêlage, des rations suffisamment abondantes, bien composées et proportionnées à leur faculté laitière.

Telles sont, Messieurs, les remarques que je désirais vous présenter à propos de l'alimentation des vaches laitières à l'étable pendant l'hiver. De cette vaste question, je n'ai touché que quelques points, mais, je crois, des points capitaux. Je serais heureux si j'avais pu contribuer à en faire apprécier l'importance, plus heureux encore si les idées émises, les faits invoqués, suggéraient d'utiles applications dans la pratique.

Conférence sur l'Hygiène
et la Pathologie de la Vache laitière

Par M. G. MOUSSU,

Professeur de Pathologie bovine a l'Ecole Nationale Vétérinaire d'Alfort.

MESSIEURS,

En acceptant l'invitation qui m'avait été faite par les bureaux de la Société vétérinaire et de la Société d'Agriculture de la Seine-Inférieure de venir, à l'occasion du Concours agricole, faire ici une conférence, ma première préoccupation a été de rechercher un sujet capable d'intéresser à la fois et la profession vétérinaire et le monde des agriculteurs.

Je savais par avance que le Concours de Rouen devait réaliser un effort très méritoire dans la voie du progrès pour les luttes commerciales et économiques, et qu'il donnerait le jour au premier *grand* Concours beurrier institué en France. Rompant avec les anciennes pratiques qui ne répondent plus que d'une façon tout à fait insuffisante à nos exigences économiques, je savais que le distingué président de la Société d'Agriculture, M. Lormier, avait à force d'énergie instauré un nouveau *modus faciendi* qui, forcément, devra être suivi dans l'avenir ; je ne pouvais donc, moi non plus, dans l'exposé que je me suis proposé de vous faire, ne pas m'occuper de la vache laitière.

En choisissant comme sujet de cette conférence *l'hygiène et la pathologie de la vache laitière*, je n'ai pu avoir la prétention, vous le pensez, de vous dire ici tout ce qu'il faudrait connaître sur le mode d'entretien et sur les maladies des femelles utilisées pour la reproduction ; non, ce serait beaucoup trop complet, et il y aurait de quoi écrire un livre. J'ai voulu seulement rester dans la note qui convenait à une réunion de ce genre, et évoquer devant vous les maladies qui portent le plus gros préjudice à l'industrie laitière et au commerce du bétail.

Je ferai donc abstraction, si vous le voulez bien, de tout ce qui concerne le choix des femelles à livrer à la reproduction, de tout ce qui concerne les accidents et complications de vêlages, pour m'en tenir exclusivement aux principales maladies de la laitière en état de rendement, *en lactation*. Je supposerai donc avoir affaire à des bêtes en lait exploitées en vue d'un bénéfice futur le plus grand possible, ce qui est le but poursuivi par tous les producteurs de lait.

Quelles sont les maladies spéciales qui peuvent assaillir ces bêtes laitières ? *L'avortement épizootique* qui, considéré comme un simple accident de gestation, a des conséquences économiques énormes ; *la vaginite granuleuse contagieuse*, qui est l'une des principales sources de l'infécondité de nos vaches laitières ; *la nymphomanie*, qui coïncide fréquemment avec la stérilité temporaire ou définitive ; enfin les *mammites* qui, sous leurs différents aspects, portent une atteinte directe au rendement immédiat d'une laitière quelconque.

Pour qu'une laitière fournisse son maximum de rendement, il faut en effet qu'elle soit non seulement bien portante au point de vue de son état général, mais encore qu'elle soit très bien portante au point de vue génital. La relation entre la production laitière et les états successifs de gestation est si étroite que l'on peut dire que la première n'est que la conséquence des seconds, et que quand les gestations se trouvent trop espacées ou troublées dans leur évolution, la lactation en subit fatalement le contre-coup. La régularité des gestations est donc la condition indispensable première pour l'obtention d'un bon rendement laitier, et tout ce qui portera atteinte à cette régularité portera atteinte au rendement.

A ce titre, l'avortement dit épizootique se place au premier rang.

10

Avortement épizootique. — Je sais bien qu'il n'est pas très fréquent en Normandie, je sais bien que là où le régime des pâturages est le mode d'entretien le plus courant, cet accident de gestation est à peu près inconnu ; mais l'entretien *permanent* au grand air est la très rare exception, même en Normandie, pour la vache laitière ; ce ne sera donc pas inutilement, je crois, que j'appellerai votre attention sur ce point.

Je me garderai bien de vous retracer l'histoire de l'avortement épizootique, c'est une affection bien connue et des vétérinaires et des éleveurs ; et si parfois des doutes peuvent naître dans l'esprit de ces derniers lorsqu'ils constatent des premiers cas d'avortement dans leurs exploitations, ces doutes ne sauraient subsister longtemps en présence de la multiplicité des accouchements prématurés qui se succèdent avec une persistance désespérante, portant chaque fois une nouvelle atteinte à la valeur du capital-bétail. Si encore ces avortements se produisaient sans avoir de retentissement sur l'intensité de la production laitière, il n'y aurait que demi-mal ; mais, malheureusement, la perte ne se limite pas à la valeur de produits mort-nés, elle entraîne en plus une diminution considérable du rendement laitier jusqu'au retour d'une nouvelle gestation régulière, sans compter les complications qui viennent se greffer sur ce premier accident. Ces complications, représentées par des non-délivrances, des métrites, des manifestations de pseudo-rhumatisme infectieux, entraînent parfois la perte totale de l'animal qui en est frappé ; et cependant elles ont moins d'importance encore, prises en bloc, que *l'infécondité temporaire*, qui est presque de règle à la suite des avortements épizootiques ordinaires. Avec cette infécondité temporaire, les gestations ultérieures sont reculées, sont espacées, la lactation finit par se tarir, et les laitières sont alors entretenues en pure perte, ou tout au moins sans aucun rendement durant un temps parfois très long. Tout cela, pour en arriver à cette conclusion que l'avortement épizootique cause un préjudice énorme dans les exploitations où il sévit, à tel point qu'il est des circonstances où les éleveurs n'ont entrevu d'autres ressources que de liquider la totalité de leur étable pour la renouveler quelque temps après. Au point de vue général, on ne peut dire que ce soit là une solution, au contraire ; cette manière de faire dissémine les bêtes contaminées sur tous les points du territoire et contribue très largement à la diffusion d'une affection que rien ne peut faire prévoir lors des échanges commerciaux.

Il faut donc chercher autre chose.

Certes, l'avortement épizootique peut naître dans d'autres conditions, peut naître sur place, dans des étables depuis longtemps indemnes et dans lesquelles il n'y a pas eu d'introductions nouvelles ; mais, en somme, s'il y a là un point encore mal précisé dans l'étiogénie de l'affection, cela ne change rien aux manifestations ultérieures ni aux précautions à prendre. Il se peut fort bien que l'agent de l'avortement épizootique se développe en saprophyte sur les fourrages ou les fumiers ; il se peut même, comme certains faits semblent le faire prévoir, que la contamination se fasse aussi par l'appareil digestif, bien que, en principe, le placenta soit imperméable. Il y a là toute une série de faits à préciser. C'est sur cette question de lutte contre l'avortement épizootique que je voudrais retenir votre attention quelques instants.

Sous sa forme la plus courante, l'avortement épizootique est, nous le savons, fonction d'un agent microbien qui se développe dans les litières des étables, qui pénètre par marche ascendante dans les voies génitales, vulve, vagin et utérus, pour y provoquer des altérations du placenta, et, comme conséquence plus ou moins éloignée, l'avortement. Il a été démontré que l'introduction dans le vagin de cultures du bacille abortif suffisait pour amener l'avortement dans la suite. Il a été établi que l'introduction d'une vache infectée dans une étable indemne y implantait à demeure l'avortement épizootique. Inversement, on a pu constater que le séjour de vaches indemnes dans une étable contaminée les exposait à l'avortement dans les semaines ou les mois qui suivaient. Il y a là des constatations d'une très grosse importance et qui doivent guider dans la conduite à tenir dans la lutte contre l'avortement épizootique.

Que faut-il faire contre ?

Préventivement, la mesure saute aux yeux :

Lorsqu'un éleveur possède une étable qu'il sait indemne de longue date, il lui faut ne jamais introduire directement dans son exploitation une ou plusieurs nouvelles bêtes achetées en gestation et susceptibles d'apporter à son insu le microbe de l'avortement. — Ces recrues, avant d'être admises sous le toit commun, doivent, par une quarantaine qui se prolongera jusqu'à l'époque des accouchements, établir la preuve de leur bon état sanitaire.

Mais si c'est là une précaution qu'il serait désirable de toujours voir exécuter, il faut bien aussi tenir compte des nécessités et des exigences économiques, et savoir que matériellement cette précaution n'est pas toujours réalisable.

Aussi, que voit-on dans les conditions courantes de la vie ? c'est que l'avortement épizootique n'est ordinairement diagnostiqué que lorsqu'il a déjà interrompu plusieurs gestations, et que les étables se trouvent plus ou moins contaminées.

Que faire en pareille circonstance, comment parer aux accidents prévus ? Voilà ordinairement la forme du problème qui se pose à tout éleveur et à tout vétérinaire consulté.

En dehors des anciennes recommandations d'ordre purement hygiénique, on a depuis 20 ans mis en pratique ce que l'on a appelé le traitement Nocard, traitement qui consiste à pratiquer la toilette antiseptique des voies génitales et du train postérieur des femelles en état de gestation. — Nocard recommandait le lavage *quotidien* de la queue, de l'anus, de la vulve et du périnée avec des solutions antiseptiques à base de sublimé corrosif à 1/2000 ou de Crésyl à 3 ou 4 p. 100, les injections intra-vaginales hebdomadaires de l'une ou de l'autre des solutions antiseptiques ci-dessus (1 litre de solution à 35-38°) pour réaliser l'antisepsie vaginale; puis la désinfection périodique de l'étable.

En cas d'avortement, l'avortée devrait être soumise à une désinfection intra-utérine très soignée, réalisée encore par les injections antiseptiques intra-utérines des mêmes solutions.

Théoriquement ce traitement était d'une logique parfaite, pratiquement il n'a jamais été employé d'une façon sérieuse et suivie que dans quelques exploitations où l'œil du maître surveillait chaque jour l'exécution des prescriptions édictées. Dans la très grande majorité des cas il n'a été appliqué que par intermittence ; aussi n'en a-t-on pas obtenu ce qu'il eût peut-être été possible d'en obtenir.

L'un des principaux reproches formulés par les éleveurs a été celui d'exiger une main-d'œuvre trop absorbante, et en fin de compte des dépenses assez élevées ; mais il en est un autre, qui je crois a contribué plus que tout le reste à l'abandon des moyens préconisés, c'est l'inconvénient résultant des injections antiseptiques intra-vaginales. Les solutions crésylées à 3 ou 4 p. 100 et les solutions de sublimé corrosif à 1 p. 1,000, 1 p. 2,000, et même au-dessous, provoquent chez la majorité des patientes soumises aux injections des efforts expulsifs violents qui inquiètent les propriétaires et qui les amènent petit à petit à renoncer à cette pratique dans la crainte, injustifiée d'ailleurs, d'avortements provoqués par le traitement lui-même.

Les manipulations de solutions de sublimé offrent d'autre part d'assez gros dangers lorsqu'on est obligé, même après les avoir prévenues, de les confier à des personnes totalement ignorantes des choses de la thérapeutique.

Aussi dans ces dernières années s'est-on surtout adressé à la méthode allemande, dite méthode Brauër, ou méthode des injections sous-cutanées d'eau phéniquée (20 c. c. d'eau phéniquée à 2 p. 100 tous les huit ou quinze jours, du 4e au 8e mois de la gestation). — En principe on ne comprend pas comment cette méthode pourrait avoir de l'efficacité sur une affection qui semble tirer son origine de l'extérieur et qui reste localisée aux enveloppes fœtales sans communication circulatoire directe avec l'organisme maternel. Sans doute la diffusion des principes actifs est possible, mais vraiment cette quantité de principes actifs est si faible qu'il y a lieu de se demander si elle peut réellement agir, ou si au contraire les semblants de résultats heureux signalés ne correspondent pas à de simples coïncidences.

Ce qui reste certain, c'est que la méthode Brauër appliquée rigoureusement en France, dans des exploitations où l'avortement sévissait avec intensité, n'a pas enrayé ces avortements; et qu'elle n'a semblé donner de résultats favorables que là où elle était employée concurremment avec la méthode Nocard, ou tout au moins avec la pratique de la désinfection rigoureuse des étables. Très vantée par les éleveurs eux-mêmes il y a quelques années, la méthode semble tombée dans l'oubli et l'on demande autre chose.

A vrai dire nous ne possédons pas de traitement spécifique de l'avortement épizootique et il n'en existe pas non plus à l'étranger, mais nous ne sommes pas tout à fait désarmés. Voici en particulier ce que je conseille depuis plusieurs années et ce qui a donné des résultats certains dans de grosses exploitations où l'avortement sévissait :

Lorsqu'une première bête avorte, sans raison connue, je la fais isoler aussitôt pour être soumise à une désinfection complète de son appareil génital. Dans ce but on a recours à la délivrance à la main s'il y a lieu, puis on pratique un grand lavage intra-utérin à l'eau bouillie refroidie à 40-41°, et lorsque la patiente a expulsé tout ce qu'elle pouvait de son lavage, on injecte dans l'utérus 1 litre de solution iodo-iodurée :

Iode métallique, 0 gr. 50, ou 4 gr. de teinture d'iode.
Iodure de K,   5 gr.
Eau bouillie,   2 litres.

Cette solution a un pouvoir de pénétration très marqué, elle n'est pas toxique, elle ne provoque pas d'efforts expulsifs comparables à ceux déterminés par les solutions de sublimé ou de crésyl, et son efficacité est indiscutée. C'est la méthode de désinfection que j'ai vu employer systématiquement en médecine humaine et avec le plus grand succès dans certaines Maternités parisiennes.

Les injections désinfectantes sont répétées les 2e, 3e, 5e, 8e et 10e jours, si c'est possible, après l'avortement, car il ne faut pas oublier que la fermeture prématurée du col utérin gêne parfois considérablement cette désinfection, mais elle est d'ordinaire facilement réalisable jusqu'au 5e jour. Les malades ainsi traitées et désinfectées ne restent généralement pas stériles, ce qui a une grosse importance économique. On agit de même, par isolement, pour toute bête qui semble en imminence d'avortement, et par désinfection pour toute bête avortée.

Reste le gros point de chercher à éviter l'avortement chez les autres bêtes pleines, dans l'étable commune.

Frappé par les inconvénients de la méthode de Nocard, j'ai cherché à obtenir l'antisepsie vaginale par un procédé plus pratique, moins onéreux et plus sûr que celui des injections hebdomadaires, et je crois y être arrivé en imitant encore ce qui est d'usage courant dans certains cas en médecine humaine. — J'ai substitué aux injections de solutions médicamenteuses l'emploi de bougies et ovules antiseptiques fusibles à la température du corps, et qui introduits directement avec un tout petit appareil spécial ou même avec les doigts dans la profondeur du vagin, réalisent là une antisepsie prolongée et permanente beaucoup plus efficace que les solutions crésylées ou de sublimé, dont l'action ne peut être que tout à fait momentanée. On n'a pas les inconvénients des efforts expulsifs, ni les ennuis d'une main-d'œuvre compliquée pour la toilette génitale externe. La méthode est simple, et cela étant, elle a des chances d'être mieux suivie. D'ailleurs, les faits semblent plaider en sa faveur, puisque quelques grands industriels ont cru devoir l'exposer en détail eux-mêmes, en la complétant d'une façon ou d'une autre.

C'est ainsi que M. Desoutter, dans le *Progrès agricole du Nord*, a indiqué que dans sa très grosse exploitation il avait pu à trois reprises différentes arrêter l'avortement épizootique en combinant le traitement génital local et un traitement à base de collargol, et qu'il se dispensait même de faire faire des délivrances à la main dans les cas de rétention des enveloppes fœtales, se contentant alors de faire pénétrer des ovules ou bougies antiseptiques dans l'utérus et d'attendre la délivrance spontanée. — Bien que j'aie été le conseiller de M. Desoutter, je ne saurais partager tout son optimisme, d'abord parce que j'estime que dans le cas de non-délivrance rien ne vaut l'action hâtive de la délivrance à la main, et ensuite parce que les injections intra-veineuses de collargol (qu'il pratique à la dose de 2 gr. 50) ne sont pas sans danger sur des bêtes en gestation. Je crois que la plus grosse part revient, dans les résultats, à une antisepsie génitale efficace; mais je ne voudrais pas laisser croire, comme on me l'a fait dire, que cette action s'étend à autre chose et peut recevoir des adaptations diverses.

Il est bien certain, par exemple, que si l'on commence à faire de l'antisepsie génitale chez une bête pleine qui a déjà de l'infection utérine, eh bien on n'empêchera pas l'avortement de se produire. — De même, dans les non-délivrances, je ne dis pas que les ovules antiseptiques n'entravent pas les infections et complications pour favoriser dans la suite une expulsion spontanée, mais j'estime qu'ils sont insuffisants pour donner une sécurité complète.

Pour me résumer je dirai donc que contre l'avortement épizootique on peut lutter :

1° Par l'isolement des avortées et par leur désinfection génitale à l'aide des préparations iodées ;

2° Par l'antisepsie vaginale prolongée chez les bêtes pleines ;

3° Par la désinfection soignée des étables communes, qui est de toute nécessité lorsque un ou plusieurs cas d'avortement épizootique se sont produits à intervalles rapprochés.

Cette désinfection des étables ne demande pas de mesures spéciales; il suffit de la signaler pour savoir ce qu'il y a à faire.

Je dirai enfin que pour se soustraire à toutes ces obligations désagréables et dispendieuses il est un moyen qui représente la simplicité même lorsque les conditions et la saison le permettent. C'est celui qui consiste après un premier cas d'avortement infectieux à mettre tout le bétail contaminé au pâturage permanent. La vie au grand air restreint considérablement les chances de contamination et de contagion, et la série des accidents se clôt d'ordinaire pour ainsi dire instantanément.

* *
*

Vaginite granuleuse contagieuse. — Avec la vaginite granuleuse contagieuse nous nous trouvons en présence d'une autre affection bien singulière aussi celle-là, et qui trop souvent reste méconnue. — Comme pour l'avortement épizootique les sujets qui sont frappés ne paraissent pas souffrir, mais alors que dans les cas d'avortement il se présente des symptômes qui ne peuvent passer inaperçus, dans la vaginite contagieuse rien de saillant ne vient fixer l'attention. Il y a bien pour un œil expérimenté et observateur des petits signes capables de renseigner, mais quand les animaux sont simplement confiés aux soins de vachers ignorants ou indifférents, tout paraît normal alors que ça ne l'est pas. Ce qui finit par inquiéter le propriétaire, c'est l'état d'infécondité des bêtes de son troupeau; c'est là le caractère dominant. Des vaches sont saillies 5, 6, 8 et 10 fois sans être fécondées, et cependant elle ne sont ni taurelières, ni même malades en apparence. Les chaleurs sont à peu près régulières, l'appétit est conservé, toutes les grandes fonctions s'exécutent bien, l'état général reste satisfaisant, mais obligatoirement la lactation diminue de façon progressive, et bientôt l'on n'entrevoit plus de possible que l'utilisation pour la boucherie. Le préjudice économique est très important, surtout quand il s'agit de jeunes bêtes qui devraient être en plein état de rendement.

Et bien, cependant, tout ne se passe pas sans que l'on puisse reconnaître et découvrir la cause d'un pareil état de choses, et si une observation et un examen attentifs des bêtes infécondes sont pratiqués, voici ce que l'on constate : à un certain moment, d'ordinaire à la suite des saillies, car le taureau est en pareil cas un parfait agent de propagation, les vaches présentent de la tuméfaction vulvaire modérée, puis un écoulement glaireux, muqueux, légèrement jaunâtre, abondant et tout à fait anormal. Cet écoulement est sans odeur marquée, sans caractères spéciaux pouvant révéler une inflammation du vagin, et sans une abondance exagérée; il pourrait être parfaitement confondu avec les mucosités glaireuses qui caractérisent le fonctionnement physiologique de la muqueuse vaginale. La confusion est d'ailleurs fréquente, et c'est pour cela que la cause d'infécondité reste souvent méconnue, parce qu'il n'y a pas de troubles généraux marqués.

Si cependant sur ces bêtes infécondes et à écoulement vaginal trop abondant, on procède à une exploration directe ou à une exploration au spéculum, on constate sans la moindre difficulté, à la vue et au toucher, que la muqueuse est congestionnée, modérément enflammée, comme recouverte d'un pointillé spécial, qui a justement fait donner le nom de vaginite granuleuse, et que les bas fonds sont remplis de ces mucosités jaunâtres précédemment signalées. — Ce sont là les causes de l'infécondité. Cette forme de vaginite subaiguë ne correspond pas à une inflammation banale qui se guérira spontanément en quelques semaines; non, elle est encore fonc-

tion d'un agent microbien particulier qui peut être isolé, cultivé, et à l'aide
duquel on peut reproduire à volonté la vaginite granuleuse chez des vaches
indemnes et bien portantes.

Dans les exploitations rurales où elle sévit, c'est elle qui est la cause de
l'infécondité, sans qu'il y ait d'autres troubles ni du côté de l'ovaire ni du
côté de l'utérus. En effectuant la saillie, les taureaux peuvent s'infecter et
devenir à leur tour des agents actifs de dissémination.

Mais ce n'est pas là le seul moyen de diffusion, et quand la vaginite granuleuse existe dans une étable, il n'est pas exceptionnel de la voir se pro-
pager à la façon de l'avortement épizootique, de proche en proche, à une
partie des sujets formant l'effectif.

Les mucosités virulentes sont rejetées sur les litières au moment des
efforts de défécation, de miction, ou durant le décubitus; ces mucosités
souillent ces litières; sans le moindre doute, le streptocoque spécifique
peut y conserver sa virulence, et comme fatalement durant le décubitus
les bêtes saines souillent aussi leurs organes génitaux externes, elles arrivent
ainsi à s'infecter, à s'inoculer véritablement, et la maladie évolue ensuite.

Ce qui montre bien d'ailleurs qu'il en est ainsi, c'est que la vaginite
contagieuse s'observe non seulement sur les bêtes *vides*, mais aussi sur
les bêtes *en gestation*, mais aussi sur des *génisses qui n'ont jamais été
saillies*. — Et c'est pourquoi l'on voit parfois de jeunes bêtes se montrer
infécondes dès le début de leur vie de reproduction. — Et c'est pourquoi
l'on voit encore certains vétérinaires mettre l'avortement épizootique sur
le compte des complications de la vaginite contagieuse. D'après eux, sur
les bêtes pleines, la vaginite ne resterait pas localisée au vagin, elle
pénètrerait dans le col utérin et jusque dans l'utérus, y provoquerait des
désordres analogues à ceux du bacille abortif et secondairement l'avortement. Je ne puis dire s'il y a là un accident fréquent, car ma situation ne
me permet que rarement de pouvoir faire des observations de cette nature,
mais il paraît très probable.

Il me paraît inutile d'insister pour montrer toute la gravité économique
d'une affection qui, en somme, par elle-même, paraît tout à fait banale et
insignifiante en apparence. Si encore elle guérissait spontanément avec
assez de rapidité, ou si elle ne persistait que peu de temps; mais il n'en
est pas ainsi, les sécrétions vaginales sont troublées dans leur composition,
et l'infécondité persiste durant des mois et des mois.

Que peut-on faire contre ?

Fort heureusement nous ne sommes pas désarmés, tant s'en faut, parce
qu'il s'agit d'une région facilement accessible aux actions thérapeutiques
directes. Toutes les médications antiseptiques, pourvu qu'elles soient bien
dirigées, peuvent donner des résultats rapides. Puisque la maladie est
fonction d'un agent connu, que cet agent se trouve cantonné dans un
organe qui permet une action médicamenteuse directe sur lui, le vagin,
il n'y a qu'à agir.

Les injections de solutions antiseptiques, faites par les procédés usuels connus de tous, peuvent toutes donner des résultats. On a recommandé les injections phéniquées, crésylées à 3 et 4 p. 100, et de sublimé corrosif à 1/1000, 1/2000 ou 1/3000. Pour mon compte j'estime qu'elles doivent ici encore être laissées de côté, parce qu'elles sont irritantes et provoquent de violents efforts expulsifs d'abord, et parce que ensuite elles sont coagulentes pour les produits de sécrétion vaginale, ce qui empêche considérablement leur action sur la muqueuse et leur pénétration dans ses glandules. Je préfère de beaucoup l'emploi des solutions iodo-iodurées à 1/1000 ou 1/2000 injectées chaudes, dont le pouvoir de diffusion est beaucoup plus grand, ou même les injections de permanganate de potasse à 1 ou 2/1000.

Ces irrigations vaginales antiseptiques pratiquées tous les jours permettent d'arriver assez rapidement à une désinfection efficace, après quoi l'infécondité disparaît ainsi que toutes ses conséquences.

Les injections antiseptiques ont des avantages très réels, mais elles ont aussi l'inconvénient d'exiger un matériel qui se détériore, d'exiger des soins assidus et quotidiens parce que l'action de ces solutions n'est que tout à fait momentanée; aussi ai-je substitué dans la pratique, comme pour l'avortement épizootique, l'emploi hebdomadaire ou bi-hebdomadaire des ovules antiseptiques aux injections.

La main-d'œuvre de traitement est réduite à son minimum, l'action antiseptique locale est moins brutale, mais plus prolongée, et le résultat obtenu est plus rapide, car en quelques semaines ordinairement la guérison est obtenue. Toutefois il importe avec ce traitement, et quand les malades présentent une nouvelle période de chaleurs, de ne pas les livrer au mâle sans avoir au préalable pratiqué un seul lavage vaginal abondant pour bien enlever tout ce qui pourrait rester des produits antiseptiques dans les culs-de-sac vaginaux. Une injection d'eau bouillie, ou mieux une injection d'eau alcaline (eau bouillie additionnée de quelques grammes de bicarbonate de soude) donne le résultat cherché.

*
* *

Nymphomanie. — Tout à côté de la vaginite granuleuse il faut encore mentionner parmi les affections communes aux vaches laitières cet état morbide si fréquent que l'on qualifie de *nymphomanie*. Il n'est pas d'éleveur ou d'industriel qui n'ait eu l'occasion d'observer des *vaches taurelières*, et chacun sait combien sont grands les inconvénients d'un pareil état. La taurelière est en état d'agitation presque perpétuel, elle réclame le taureau de façon inusitée et toujours sans résultat, elle porte le trouble dans l'étable ou dans le troupeau au pâturage; c'est, pourrait-on dire, une bête de trop dans l'effectif. D'ailleurs, si elle est conservée elle finit dans la majorité des cas par maigrir, par perdre de sa valeur, et même parfois, par devenir commercialement inutilisable.

Il semble donc en principe, et en se plaçant au point de vue économique pur, qu'un pareil sujet doive toujours être immédiatement sacrifié pour la boucherie. Ce ne serait peut-être pas logique dans tous les cas.

En effet, si l'état de nymphomanie se rattache ordinairement à des lésions profondes de l'ovaire, avec comme conséquence une stérilité définitive, cela ne veut pas dire qu'il en soit toujours et fatalement ainsi. Les manifestations nymphomanes peuvent être l'expression d'autres lésions génitales que des lésions des ovaires, et par cela même elles sont parfois curables. En présence d'un cas de nymphomanie, il ne faut donc pas croire qu'il n'y a qu'une seule ressource, l'abattoir; il faut d'abord rechercher quelle est la cause possible de cet état, voir s'il n'y aurait pas des lésions chroniques, telles que catarrhe utérin, catarrhe vaginal, lésions du col, lésions du clitoris, etc., etc.; et si par hasard on découvre une lésion de l'un de ces organes alors que les ovaires paraissent intacts, la guérison pourra être obtenue; les malades pourront à nouveau être utilisées pour la reproduction.

Certes il y a là un diagnostic un peu délicat qu'un homme de métier, qu'un vétérinaire pourra seul poser, mais il y a toujours avantage à le faire établir de façon précise avant d'arrêter la ligne de conduite à suivre. C'est qu'en effet la nymphomanie peut s'enregistrer non seulement sur les bêtes âgées, c'est-à-dire celles qui pourraient sans inconvénients être supprimées de l'industrie laitière ou de la reproduction, mais encore sur des bêtes seulement adultes et qui peuvent avoir une grosse valeur. L'intérêt est donc très réel.

Lorsque cet état pathologique pourra être mis sur le compte d'une affection autre qu'une lésion des ovaires, le traitement à opposer sera celui que tout vétérinaire peut diriger avec succès, car il ne comporte aucune indication spéciale. Mais il se peut aussi que, même avec une lésion ovarienne, l'état de nymphomanie soit temporaire et non définitif, et qu'il soit justiciable de certaines interventions hygiéniques, médicales ou chirurgicales.

C'est ainsi que le régime des pâturages a une très grande influence sur la régulation physiologique de l'ovaire, et que ce régime suffit parfois à lui seul pour ramener à la normale une fonction quelque peu troublée, pour faire reparaître la fécondité chez des femelles que le régime de l'étable avait laissées infécondes durant des mois, et pour faire disparaître définitivement des symptômes que l'on avait cru devoir rattacher à un état morbide définitif

Dans la très grande majorité des cas, la nymphomanie tient à une dégénérescence kystique des ovaires, dégénérescence au cours de laquelle on peut observer tous les degrés, depuis une augmentation de volume tout juste sensible, jusqu'à une dégénérescence donnant une hypertrophie considérable des organes ovariens. — Or, même dans ces cas de dégénérescence kystique, et principalement lorsqu'il s'agit de femelles jeunes ou seulement adultes, il ne faut pas oublier que l'état pathologique peut être curable. S'il y a seulement formation de petits kystes par développement irrégulier des vésicules de Graff, le massage ovarien à travers la paroi rectale et l'éclatement kystique par pression manuelle suffisent à faire réapparaître la fécondité et des chaleurs régulières.

Voilà une pratique qui, lancée autrefois par le professeur Zangger, de Zurich, est aujourd'hui d'usage courant dans toute la Suisse. Je crois devoir dire que je ne l'ai jamais mise à profit parce que les circonstances ne me le permettent pas ; mais j'ai reçu à Jersey l'affirmation d'un de nos confrères étrangers qui dit en avoir toujours obtenu d'excellents résultats, même chez les vieilles bêtes, permettant de conserver pour la reproduction des sujets précieux qui sans cela auraient dû être réformés.

Au dire des spécialistes, on peut même aller plus loin, et obtenir la disparition de la nymphomanie et la réapparition de la fécondité chez les femelles porteuses de gros kystes ovariens. C'est ainsi que Bertschy, vétérinaire à Düdinzen (Suisse), recommande dans le cas de dégénérescence kystique la ponction et l'évacuation des kystes à travers la paroi rectale, à l'aide d'une canule spéciale lui permettant de faire s'il y a lieu dans la suite une injection intra-kystique d'alcool ou d'eau iodée. Il obtiendrait, dit-il, des guérisons fréquentes et définitives.

Et ce n'est que lorsque l'altération ovarienne serait irrémédiable, par ovarite subaiguë ou chronique, par tuberculose ou par envahissement néoplasique, que la castration serait définitivement indiquée.

De ces considérations, il résulte donc que contrairement à l'opinion qui est uniformément accréditée par les éleveurs français, la nymphomanie de la vache dite taurelière n'est pas toujours incurable. Suivant sa cause originelle elle est justiciable de différents moyens de traitement, et lorsqu'une altération paraît incurable elle laisse toujours la castration comme suprême ressource économique. Ce sont là des données qui me paraissent avoir une très grosse importance pour les éleveurs et je ne doute pas qu'ils ne cherchent à en tirer profit lorsque les occasions le permettront.

Mammites. — Messieurs, je ne voudrais pas prolonger outre mesure notre entretien et vous faire maintenant une description détaillée de toutes les affections ou maladies qui peuvent frapper la mamelle de nos laitières, je n'insisterai seulement que sur quelques considérations concernant l'étiologie. Ce sont elles, en effet, qui intéressent l'éleveur au premier chef, et si elles étaient bien comprises et bien connues, elles lui permettraient souvent d'éviter des pertes que le vétérinaire reste impuissant à écarter lorsqu'il est appelé quand il n'y a plus rien à faire.

Ces maladies des mamelles sont désignées sous le nom de mammites, c'est-à-dire d'inflammations de la mamelle, que ces inflammations revêtent la forme aiguë ou qu'elles évoluent sous la forme chronique. Dans le public, on les désigne sous les noms de coup de feu, de coup de sang dans le pis, etc. Pendant longtemps, on a cru que ces inflammations de la mamelle étaient la résultante de l'action du froid, de l'action des courants d'air, de l'action des traumatismes, de la suractivité fonctionnelle, de la congestion intense, de la stase laiteuse ou de l'empissement laiteux, etc., etc.

Ces opinions anciennes ne sont qu'en partie exactes, et il faut ordinairement quelque chose de plus pour amener l'inflammation de la mamelle. *Ce quelque chose, c'est l'infection par des germes microbiens.*

Assurément, si chez une grande laitière on n'a pas le soin de traire en temps opportun, il se produira des désordres très graves, des déchirures interstitielles de l'épaisseur ou de la profondeur de la mamelle; mais ce sont là des blessures comparables, sinon analogues, à celles que l'on pourrait faire de l'extérieur, et dès lors il n'est plus rien d'étonnant qu'il survienne de l'inflammation consécutive; c'est la règle dans toute blessure accidentelle.

Par contre, on voit souvent survenir des inflammations de mamelles, des mammites, sans qu'on puisse en découvrir facilement la cause, et c'est pour ces formes que les germes microbiens interviennent. Ces germes microbiens pénètrent le plus souvent par l'orifice du trayon, remontent dans la profondeur de la mamelle, trouvent dans le lait un excellent milieu de culture ou de pullulation, et causent ensuite, par leur développement et leur multiplication, des désordres plus ou moins graves que l'on peut enregistrer par l'examen direct et qui rendent les animaux malades. Ces germes végètent pour la plupart sur les litières et dans les fumiers, et il suffit qu'une cause secondaire, telle que l'action d'un coup de froid, pour qu'ils provoquent des troubles variés en infectant la mamelle.

Toutes les fois qu'il s'agit de l'envahissement de la mamelle par des germes à action brutale, rapide et énergique, on assiste à l'évolution de ce que l'on appelle des *mammites aiguës.* La mamelle devient gonflée, douloureuse, œdémateuse, parfois très sensible. Les laitières présentent de la fièvre, perdent l'appétit, sont très malades, et peuvent même succomber.

Dans beaucoup d'autres cas, les laitières se trouvent frappées d'une façon différente; elles ne semblent pas malades, mais la mamelle est cependant touchée; elle ne donne plus de lait normal. Ce lait est diminué de quantité ou modifié de qualité; on dit alors que les malades sont frappées de *mammites chroniques.* Eh bien! cependant, le mode d'infection est exactement le même, mais la qualité des agents microbiens est différente. Certains de ces agents microbiens, tels que microcoques et bactéries du groupe coli, peuvent donner des mammites gangréneuses capables d'entraîner la mort à bref délai; d'autres déterminent seulement des états très graves, avec ou sans formation d'abcès, les staphylocoques parax; et il en est, comme les streptocoques, qui ne donnent que des mammites chroniques passant inaperçues à leur début.

Lorsqu'il s'agit des premières, la perturbation apportée au fonctionnement général de l'organisme est toujours suffisante pour provoquer des soins immédiats; les personnes les plus inexpérimentées se trouvent dans l'obligation de les reconnaître et de les faire traiter.

Lorsqu'il s'agit des mammites chroniques, au contraire, elles sont souvent négligées, parce que les laitières ne paraissent pas souffrantes ; et cependant elles sont très graves encore, attendu qu'elles sont ordinairement contagieuses.

Les mammites aiguës à évolution violente s'enregistrent ordinairement par cas isolés ; il s'en produit un, deux ou trois cas tout au plus par étable, de temps à autre ; les mammites chroniques s'enregistrent trop souvent par cas multiples portant sur le tiers, la moitié, quelquefois les deux tiers de l'effectif du troupeau. Elles sont en réalité plus graves que les formes aiguës, si elles ne sont pas surveillées attentivement et combattues avec vigueur. Une mammite aiguë peut entraîner la perte d'une bête ; une mammite chronique peut entraîner la ruine d'une exploitation, et voici comment :

Si une bête atteinte de mammite chronique contagieuse (lait caillebotté, mamelle nouée, indurée ; diminution progressive du rendement, etc...) est laissée dans une étable, bientôt 2, 3, 5, 10 bêtes seront frappées à leur tour ; le rendement laitier est presque nul, la perte finale est énorme. Pourquoi ? parce que les germes virulents de la première bête atteinte auront été disséminés un peu partout sur les litières, soit par le trayeur, soit par tout autre moyen, et l'infection se propage. Une pratique détestable, profondément ancrée chez les domestiques, par suite de leur ignorance, est celle qui consiste, comme cela se fait trop souvent, à traire la bête malade sur la litière même de l'étable, et à ne pas se laver les mains après avoir manipulé la mamelle d'une vache atteinte de mammite. Il n'y a pas de meilleur moyen pour disséminer la maladie.

Et ce qui est vrai ici pour la mammite contagieuse, qui est la mammite la plus fréquente, peut être vrai encore lorsqu'il s'agit de formes aiguës ou subaiguës, comme cela a été établi maintes fois.

Eh bien ! Messieurs, je ne veux pas entrer dans plus de détails sur l'évolution des mammites, ce que je viens d'en dire suffit amplement pour justifier certaines mesures d'hygiène, indépendantes des méthodes de traitement que les vétérinaires peuvent appliquer suivant les cas auxquels ils ont affaire, mais que l'éleveur doit savoir utiliser pour éviter justement l'apparition de ces maladies des mamelles. Mieux vaut toujours prévenir que guérir, c'est plus économique.

Aussi terminerai-je en disant que, d'une façon générale, pour éviter les maladies des mamelles chez les bêtes laitières, il faut que ces laitières soient l'objet de soins particuliers dans les jours qui suivent la mise bas, et soient toujours placées sur des litières très propres.

C'est durant les quelques semaines qui suivent la mise bas que la mamelle est le plus sensible et le plus exposée aux infections. La malpropreté des étables, le manque de pansage et de soins de nettoyage au moment de la traite, sont autant d'autres facteurs qui favorisent l'apparition des mammites ordinaires.

Je n'entends pas parler ici d'une autre forme très grave, qui est absolument indépendante des soins d'hygiène, et qui se trouve en relation avec l'évolution de troubles généraux, la mammite tuberculeuse. Celle-là aussi évolue sous la forme chronique lente et insidieuse, mais elle est d'origine interne ; les bacilles tuberculeux sont apportés à la mamelle par le sang, et les influences extérieures ne jouent pour ainsi dire aucun rôle dans son apparition.

Lorsque des cas de mammites apparaissent dans une étable, voici les mesures prophylactiques que tout éleveur devrait s'imposer :

1° Isoler les laitières atteintes de mammite, quelles qu'en soient la forme et la nature ;

2° Désinfecter les stalles ou emplacements occupés par les malades dans les étables communes ;

3° Obliger le trayeur de se laver et de se désinfecter les mains chaque fois qu'il aura manipulé une mamelle malade ;

4° Défendre de façon formelle de traire les malades dans les locaux servant de séjour aux autres sujets, et à plus forte raison sur les litières de l'étable commune ;

5° Réformer immédiatement les sujets non susceptibles de guérison complète.

Le reste des soins à apporter appartient au vétérinaire, et il serait beaucoup trop long d'entrer ici dans les détails qu'il conviendrait de faire connaître ; je m'en abstiendrai. En réalisant ces précautions très simples, on restera toujours à l'abri des cas de diffusion si préjudiciables aux intérêts économiques des exploitants.

Telles sont, Messieurs, les très brèves considérations d'ordre général qu'il m'a paru utile de vous développer.

La Journée du Ministre

Lundi 2 juin. — C'est aujourd'hui que doit se terminer le Concours Beurrier, que doit s'affirmer son succès. Quand le Ministre arrivera, vers onze heures, il faut que le barattage soit fini, le beurre dégusté, et que tout remis en ordre présente l'aspect propre et engageant que doit avoir tout ce qui touche à la manipulation du lait et de la crème, et à la fabrication du beurre.

Aussi, à six heures, tout le monde est à son poste, chacun fier du rôle qu'il va remplir, si modeste soit-il. Dans les bureaux, sous la direction savante et dévouée de M. Poupard, professeur spécial d'agriculture, les jeunes gens de l'Ecole Normale travaillent sans relâche avec une adresse et une bonne volonté inlassables et, sous notre grand hall, l'aspect est vraiment curieux et beau.

Les brocs contenant la crème ont été apportés devant les barattes sur chacune desquelles est apposé le numéro correspondant à celui du broc que l'on va baratter.

Trois directeurs de beurrerie ont bien voulu nous apporter l'appoint précieux de leur expérience et vont diriger chacun deux barattes, ainsi d'ailleurs que Mlle Van den Bergh, le savant professeur belge, et les charmantes jeunes élèves de l'École de Laiterie ambulante du département du Nord. D'autres jeunes filles se tiennent devant les malaxeurs, prêtes à recevoir le beurre qui sera apporté dès qu'il aura été obtenu. La très sympathique et savante directrice de l'École, Mlle Gabrielle Le Bon, est debout devant une table en verre sur laquelle seront fabriquées par elle, d'une forme identique, les 90 mottes de beurre. Un peu plus loin deux balances où, par les soins de nos dévoués collègues, MM. Grille et Dubuc, les dites mottes seront méticuleusement pesées. Sur le devant du hall, près d'une étagère recouverte de linge blanc, bien à la vue du pubic, se tient le très actif secrétaire de la chaire départementale d'Agriculture : M. Carrouaille. C'est lui qui, par ordre de numéros, rangera et alignera les mottes de beurre. Les hommes de service, dont certains ont passé la nuit à monter la garde près des animaux des concurrents, sont tous là, contre les postes d'eau chaude et froide, attentifs au moindre signal. Les commissaires qui depuis la première heure furent si vaillants et si dévoués sont préposés chacun à la surveillance d'une rangée de barattes. Le laboratoire de chimie est au complet et les professeurs, aussi savants que modestes, revêtus des blouses blanches du travail, attendent le moment de commencer les longues et délicates opérations qui ne se termineront pour eux qu'à une heure et demie de l'après-midi.

Près du puissant moteur Masure qui tourne avec une parfaite régularité, se tiennent les mécaniciens, accompagnés des monteurs de la maison Garin.

Le public est déjà nombreux devant nos barrages ; il commente avec passion les chiffres bien en vue sur notre grand tableau, et les chances respectives des concurrents sont vivement commentées.

Nous sommes tous prêts, silencieux, et le Président donne un coup de sifflet, signal convenu et attendu.

La crème est versée dans les barattes, et la fabrication commence. Elle va durer deux heures, dans un ordre parfait, dans un silence presque absolu. La première motte de beurre est fabriquée au bout de neuf minutes. La dernière demandera deux heures.

La voilà enfin arrivée ; et sur notre étagère elle va rejoindre ses compagnes.

Intéressante et amusante exhibition que celle de ces 90 mottes de beurre. Si la forme est pareille pour chacune, la grosseur est différente et surtout la couleur. Depuis le beau jaune d'or jusqu'au blanc de neige, la gamme est complète, et deux ou trois pains ont bien plutôt l'air de saindoux que de beurre — affaire d'individu et de race.

Nous allons d'ailleurs être fixés sur la qualité ; car voici les dégustateurs.

Ce sont MM. Fortier, sénateur : Collet, secrétaire général de la Société française d'Encouragement à l'Industrie Laitière ; Baron, Candieu et Lenoble, négociants en beurre à Rouen, jury compétent entre tous, que M. Fortier, sénateur, a bien voulu présider.

Avec autant de conscience que de rapidité, ils procèdent à leurs délicates opérations, les notes qu'ils donnent sont recueillies par un jeune secrétaire, élève de l'Ecole Normale de Rouen. M. Collet veut bien promettre des prix non prévus au programme, pour récompenser les meilleures qualités de beurre ; et à dix heures et demie, heure à laquelle le Ministre est attendu, tout est prêt.

Le temps, douteux depuis le matin, devient définitivement beau, et c'est dans un clair rayon de soleil que le Ministre et sa suite nous apparaissent, se dirigeant vers nous.

Avant même que le Président ait pu lui souhaiter la bienvenue, M. Ruau, avec la bonne grâce et l'amabilité qui ne l'abandonnent jamais, lui rappelle la visite qu'il lui a faite il y a quelques mois pour lui demander l'appui moral et pécuniaire du Ministère de l'Agriculture, et lui dit tout l'intérêt qu'il éprouve à venir constater les résultats obtenus et tout son plaisir de se trouver au milieu de nous.

« Monsieur le Ministre, répond le Président, en vous voyant venir vers nous, tout à l'heure, je me reportais moi-même quelques mois en arrière, au jour où je me suis présenté devant vous, accompagné de nos représentants au Parlement, de M. le Préfet de la Seine-Inférieure, et des membres du bureau de notre Société, pour vous demander l'appui du Gouvernement dans l'œuvre que nous voulions entreprendre. J'ai trouvé près de vous l'accueil le plus aimable et le plus encourageant ; vous avez bien voulu faire droit à ma demande, donnant ainsi à la Société Centrale d'Agriculture de la Seine-Inférieure une grande marque de confiance dont nos collègues et moi sommes justement fiers. Vous trouverez, j'espère, que cette confiance a été justifiée.

En organisant un Concours sur une aussi vaste échelle, nous cherchons à démontrer que dans les races laitières, la sélection doit se faire aussi et surtout au point de vue des aptitudes laitières et beurrières de l'individu, et non seulement au point de vue de sa beauté ; nous voulons aussi montrer avec quel soin, avec quelle méticuleuse propreté doivent être effectuées toutes les manipulations du lait.

A ces points de vue, nous sommes loin d'être en avance sur beaucoup de nations voisines, qui cherchent à tirer parti de ce retard, en nous enlevant sur les marchés de l'étranger la première place que nous occupions et que nous devons reconquérir.

En visitant avec nous ce Concours, vous apprécierez, j'en suis persuadé, que nous avons tout fait pour atteindre le but que nous vous proposions ».

« La bonne réputation de votre vieille et toujours jeune Société d'Agriculture m'était bien connue, répond le Ministre, et je savais que je pouvais compter sur elle, pour mener à bien une entreprise si considérable soit-elle. C'est la raison pour laquelle je n'ai pas hésité à vous promettre et à vous donner l'appui du Gouvernement de la République. Vous me trouverez toujours prêt à seconder les généreuses initiatives, destinées à maintenir et à relever le prestige de nos produits nationaux, et, j'estime comme vous, que la question du lait et du beurre est l'une des plus importantes, non seulement pour la Normandie, mais pour le pays tout entier. Je serai donc très heureux de visiter avec vous ce beau Concours ».

La visite commence de suite ; tous sont là et le Président s'empresse de présenter à M. le Ministre, M. Laurent, le Vice-Président de la Société, en lui disant la part capitale prise par lui dans l'organisation et la réalisation du Concours. Le Ministre adresse au savant et dévoué professeur départemental d'agriculture de la Seine-Inférieure, les compliments les plus élogieux auxquels tout le monde s'associe.

Nous passons devant la table où sont exposés les beurres, devant le tableau noir où sont consignés les résultats journaliers, et nous voici devant l'École de laiterie ambulante du département du Nord, ayant à sa tête M. Vallez, le distingué professeur de l'arrondissement de Valenciennes, et Mlle Gabrielle Le Bon. Une jeune fille s'avance, portant une gerbe de fleurs qu'elle offre à M. Ruau et lui récite, avec un peu d'émotion, un très gentil compliment. Le Ministre félicite l'École de laiterie des services qu'elle rend et embrasse celle qui fut près de lui la charmante interprète des sentiments de l'École tout entière. Le Ministre s'intéresse à tout, regarde, avec admiration et un peu d'étonnement, la puissante organisation de ce Concours, pose les questions les plus judicieuses, et exprime le regret que tout cela, si beau, doive disparaître si vite. Œuvre en apparence éphémère, en réalité durable, car, si ce que l'on voit disparaît, l'idée reste, germe et fait son chemin.

Avant de laisser le hall, M. le Ministre serre la main aux chimistes, qu'il connaît presque tous, en particulier, M. Houzeau, notre vénérable doyen.

Puis nous nous dirigeons vers le ring de traite où les 90 vaches concurrentes sont attachées au beau barrage en ciment armé, qui fut l'un des ornements de cette partie du Concours.

Là encore règne l'activité ; sous l'œil de nos dévoués commissaires, un important concours de traite a lieu parmi les employés des exposants.

Fort intéressé, M. Ruau regarde cette vie intense, cette activité, et bien sincèrement dit son admiration ; il examine avec soin les diverses races, se fait expliquer toutes les opérations qui se sont déroulées depuis trois jours ; et sur le point de sortir du ring de traite, pour aller visiter les autres parties du Concours national, il félicite chaudement et sans réserve la Société centrale d'Agriculture de la Seine-Inférieure du succès de son superbe Concours beurrier.

Un déjeuner intime réunit ensuite le Président de la Société et un grand nombre de ses dévoués collaborateurs dans la salle de restaurant de notre Société ; Messieurs les Chimistes, poussant le culte du devoir jusqu'à ses

11

dernières limites, ne veulent y prendre part que lorsque toutes les opérations sont terminées et travaillant sans relâche, depuis six heures du matin, restent encore à la besogne jusqu'à une heure et demie de l'après-midi.

Au moment où ce frugal déjeuner allait se terminer, les jeunes élèves de l'Ecole de laiterie ambulante du département du Nord, guidées par M. Vallez, M\ue Gabrielle Le Bon, la directrice, et Mlle Van den Berghe, viennent exprimer à la Société centrale d'Agriculture toute leur reconnaissance pour la cordialité avec laquelle elles ont été reçues et tout le plaisir qu'elles ont éprouvé à voir notre joli pays.

Ai-je besoin d'ajouter que le Président leur retourne immédiatement le compliment, faisant remarquer que c'est nous qui devons être et qui sommes reconnaissants.

« L'organisation de votre école est si belle, dit-il, votre œuvre est si utile, que je voudrais voir la même chose dans notre département ». Puis il leur souhaite beau temps pour l'excursion qu'elles doivent faire au Havre le lendemain. Un dernier serrement de mains, bien cordial de part et d'autre, et tout le monde s'envole, essaim joyeux, emportant et laissant le meilleur souvenir.

La distribution des récompenses se fait au Théâtre-des-Arts, elle doit commencer exactement à l'heure annoncée, paraît-il, et nous avons juste le temps de nous rendre sur l'estrade où vient vite nous rejoindre le cortège officiel.

M. Ruau prend la parole et je suis fier et tout heureux de constater que la Société centrale d'Agriculture et le Concours beurrier occupent une place d'honneur dans son discours : « Ce qui m'a rempli d'aise, dit-il, c'est ce beau Concours beurrier, où tout est si bien organisé pour intéresser et pour instruire.

« Certes, je connaissais de longue date la réputation de cette Société qui, dans votre pays, a toujours marché à la tête du progrès ; mais ce que j'ai vu a certainement dépassé ce que je pouvais espérer, et ce beau spectacle prouve la prospérité et la vitalité de cette Société, en même temps que la volonté intelligente et le dévouement de ceux qui la dirigent.

« Les résultats obtenus par ce beau Concours beurrier ne peuvent manquer d'être considérables et seront tout à l'honneur de ceux qui ont su faire une œuvre si belle et si utile ».

Profitant des bonnes dispositions de M. Ruau à notre endroit, le Président de la Société lui fait demander l'autorisation de proclamer lui-même les noms des lauréats du Concours beurrier, faveur aussitôt accordée de la meilleure grâce du monde, et je sais que cet arrangement satisfit également le Président et nos collègues lauréats.

Avant le banquet nous voulûmes retourner encore au Concours, à ce Concours que, pour la première fois depuis quatre jours entiers, nous venions d'abandonner quelques heures ; nous voulûmes le revoir dans sa splendeur, entouré, envahi par la foule curieuse, étonnée, avide de savoir et d'apprendre par la foule chargée, elle aussi, consciente ou non, de semer l'Idée que nous avions déposée là !

Puis il fallut partir, et ce n'est pas sans un serrement de cœur, sans une certaine tristesse, que nous jetâmes un dernier coup d'œil sur tout cela que nous avions fait avec presque de la tendresse, sur tout cela qui demain ne serait plus qu'un amas de décombres....

Et maintenant, des fleurs, des lumières, des flots d'harmonie; c'est le grand banquet qui va clôturer la journée du Ministre. Dans la superbe salle des Pas-Perdus, cinq cents couverts sont dressés, en face de la vieille table de marbre, muette et surprise.

Spectacle magique, enchanteur, tellement que beaucoup des invités, et non des moindres, sont surpris et laissent voir leur admiration.

Le repas est rapidement servi, car le Ministre doit partir bientôt et nous voici déjà à l'heure des toasts.

Heureusement les compliments ne la font plus rougir notre vieille Société d'Agriculture, car sa modestie aurait été mise à une bien rude épreuve : Tous les orateurs l'acclament et M. le Ministre lui-même renchérit encore sur les éloges décernés dans la journée et y associe tous ceux qui ont contribué à l'organisation de ce concours. C'est pour nous tous l'apothéose, le triomphe; la Société centrale d'Agriculture trouve là sa récompense bien méritée; mais, toujours vaillante, elle ne s'endormira pas sur le lit épais des lauriers qu'elle a cueillis dans cette belle journée et, plus ardente que jamais, elle continuera à travailler pour l'Agriculture de notre pays.

G. L.

ROUEN. — IMP. J. GIRIEUD.

A. Par Race

Race	Sections								
Normande	1re Section	535	16.123	15.666	765	93.193	3.981	170
	2e dt	16.630	92.334	97.734	1.099	93.412	3.730	176
	Ensemble	601	91.175	96.384	981	91.585	3.393	165
Flamande	1re Section	548	16.117	15.388	813	94.734	3.724	145
	2e dt	655	93.195	92.433	1.011	94.853	3.434	154
	Ensemble	648	91.860	91.934	989	93.532	3.337	133
Hollandaise	1re Section	644	91.334	13.651	944	93.788	3.793	143
	2e dt	655	93.608	91.384	1.036	91.735	3.430	173
	Ensemble	655	93.156	92.344	1.045	93.040	3.346	123
Durham	1re Section	596	16.835	16.500	651	94.007	3.997	85
	2e dt	569	15.817	16.581	761	94.475	3.990	123
	Ensemble	547	15.299	15.510	576	94.168	3.584	105
Manceile	1re Section	778	13.410	12.850	596	96.657	1.731	67
Jersiaise	1re Section	559	93.451	13.645	646	90.756	4.445	300
	2e dt	565	10.641	16.897	611	91.396	3.967	177
Bretonne	1re Section	988	8.451	8.903	411	97.945	3.734	165
Ensemble	1re Section	514	16.653	16.171	764	93.403	3.741	140
	2e dt	537	96.466	16.586	875	93.710	3.466	146
Moyenne générale		50	569	15.159	15.654		91.210	3.441	155

B. Par Race (Vaches ayant vêlé depuis six semaines)

Race	Sections								
Normande	1re Section	14	543	16.850	16.607	660	94.137	3.779	114
	2e dt	92	623	92.535	90.347	558	97.466	3.457	124
	Ensemble	41	534	13.906	15.367	588	90.333	3.537	126
Flamande	1re Section	9	548	15.656	16.193	653	94.730	3.644	174
	2e dt	13	665	91.939	92.658	856	94.475	3.734	176
	Ensemble	6	604	91.411	18.855	923	94.358	3.397	196
Hollandaise	1re Section	9	580	15.931	19.393	763	93.351	3.430	190
	2e dt	4	643	93.735	92.855	952	94.475	3.438	196
	Ensemble	6	598	93.623	91.355	923	94.664	3.392	196
Durham	1re Section	1	596	16.835	16.500	651	94.007	3.997	85
	2e dt	1	546	14.366	14.918	936	94.444	3.941	90
	Ensemble	3	598	13.366	14.918	936	94.444	3.941	90
Manceile	4e Section	4	778	13.410	13.050	596	95.657	1.731	67
Jersiaise	1re Section	4	589	10.161	9.869	890	90.348	3.315	170
	2e dt	3	545	9.756	9.643	957	97.438	3.387	161
	Ensemble	11	585	10.615	9.714	544	90.456	3.886	167
Bretonne	1re Section	9	756	8.195	7.873	414	98.455	3.840	144
	2e dt	3	583	8.414	8.165	457	97.838	3.779	190
	Ensemble	4	485	3.601	8.098	440	97.587	3.341	147
Ensemble	1re Section	34	408	14.640	14.211	618	93.991	3.739	148
	2e dt	57	589	16.018	16.664	845	93.653	3.867	141
Moyenne générale		55	559	17.444	17.669	748	93.390	3.160	136

C. Par Catégorie (Séminaire partiel)

Race	Sections								
1re Catégorie Race Normande Normande-Ensemble	1re Section	4	638	16.440	15.611	965	94.011	3.993	198
	2e dt	9	619	16.555	15.365	1.095	94.517	3.987	179
	Ensemble	13	604	96.667	96.833	1.004	94.584	3.417	166
1re Catégorie Race Normande Flamande-Schema	1re Section	6	564	91.852	94.913	832	94.737	3.659	148
	2e dt	9	666	94.393	94.349	1.017	94.390	3.450	439
	Ensemble	15	805	91.396	91.493	959	93.438	3.340	191
1re Catégorie A Durham et Ensemble	1re Section	6	564	98.852	94.315	437	94.390	3.457	33
	2e dt	9	693	15.545	19.785	613	94.866	3.964	91
	Ensemble	3	654	93.470	13.357	559	94.633	3.306	89
1re Catégorie B Race Durham et Israël	1re Section	3	511	91.497	11.167	947	90.386	3.695	188
	2e dt	9	351	99.666	10.307	999	97.775	3.633	170
	Ensemble	4	333	10.676	10.594	893	98.369	3.933	176

Cuadro de sal (en pieds).

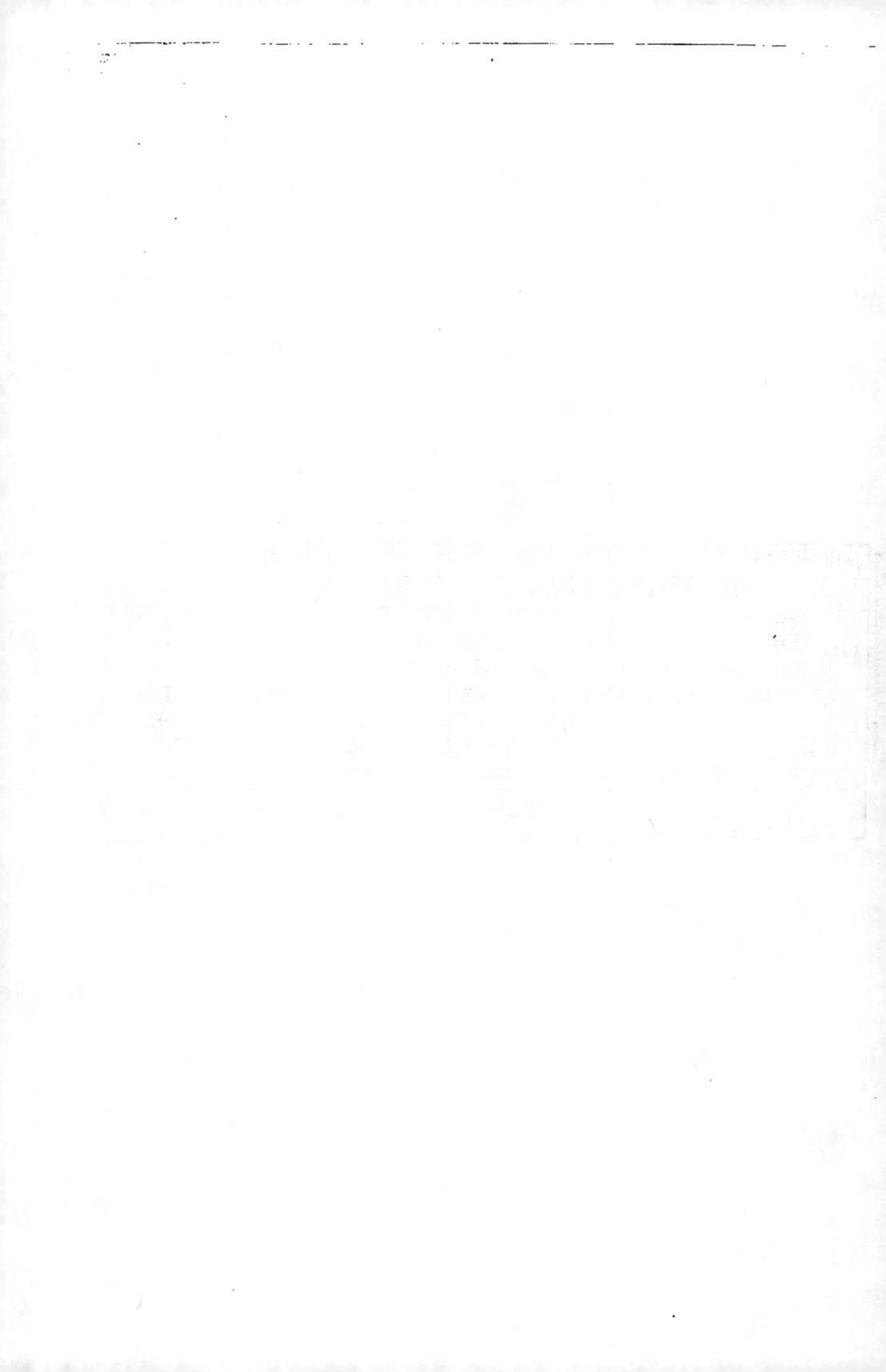

www.ingramcontent.com/pod-product-compliance
Lightning Source LLC
Chambersburg PA
CBHW072031080426
42733CB00010B/1849